篮球教学与训练多方位研究

孙 彬 著

吉林文史出版社
JILIN WENSHI CHUBANSHE

图书在版编目（CIP）数据

篮球教学与训练多方位研究 / 孙彬著. — 长春 :
吉林文史出版社, 2021.6

ISBN 978-7-5472-7776-8

Ⅰ. ①篮… Ⅱ. ①孙… Ⅲ. ①篮球运动－运动训练－
教学研究 Ⅳ. ①G841.2

中国版本图书馆 CIP 数据核字（2021）第 104988 号

篮球教学与训练多方位研究

LANQIU JIAOXUE YU XUNLIAN DUOFANGWEI YANJIU

出 版 人　张　强
作　　者　孙　彬
责任编辑　柳永哲
装帧设计　中图时代
印　　刷　三河市嵩川印刷有限公司
开　　本　710 mm×1000 mm　1/16
印　　张　12.75
字　　数　230 千字
版　　次　2021 年 6 月第 1 版
印　　次　2022 年 1 月第 1 次印刷

出版发行　吉林文史出版社
地　　址　吉林省长春市净月开发区福祉大路 5788 号
网　　址　www.jlws.com.cn
书　　号　ISBN 978-7-5472-7776-8
定　　价　58.00 元

目　录

第一章　篮球运动概述

第一节　篮球运动的诞生

一、篮球运动的诞生

球是人类社会文明发展中娱乐、游戏、比赛、健身的主要工具之一。据史料记载,在我国唐、宋时期就已有以球为中介物的各种游戏活动。当时球被称为"鞠",当时的"鞠"是由各种材料做的球体,人们可以用手、脚或专门的工具去接触"鞠"。篮球运动是直接用手来接触球的,所以有人认为中国古代的"手鞠"与现代的篮球运动有密切关系。

现代篮球运动1891年发源于美国,其发明者是詹姆斯·奈史密斯(James Naismith)博士。詹姆斯·奈史密斯出生于加拿大,是美国东部马萨诸塞州斯普林菲尔德市(春田市)基督教青年会干部训练学校的一名体育教师。他受当地儿童无意从树上摘桃子扔入桃筐的启发,设计了一种互相向桃筐内投掷皮球的游戏,所以最初美国当地人把篮球称为"奈史密斯球"或"筐球"。由于美国东部入冬较早,天气较为寒冷,学校的体育系主任卢瑟·古利克教授委托他设计了一项室内集体游戏,使学生能在室内进行体育活动。天气变冷后就将这一游戏从室外移到室内,在室内做此游戏时,奈史密斯就把篮筐悬挂在两侧离地面高约10英尺(约3.05米)的墙壁上,由人数相同的两方学生展开攻、守对抗,将皮球向篮筐中投,投中的一方可以得一分。然后再重新抢球,抢到后再投。由于是向悬空的篮筐中投球,因此人们便形象地命名此活动为篮球游戏。现在美国篮球名人馆内还存放着最初时期的球篮,它就像山区人用的背篓,挂在10英尺(约3.05米)高的健身房内看台的栏杆上。当游戏者把球投进篮内后,还需用梯子把球取出,再重新开始游戏。

二、篮球运动的形成

篮球运动开始时是一种游戏,是没有明确规则的比赛。游戏成为运动并非自然的,游戏是游戏,运动是运动,各有特点,有区别,也有联系。游戏是运动的雏形,运动是游戏的进步。很多体育项目是由该项目的早期游戏演变过来的。早期的篮球游戏和今天的篮球比赛大不相同。早期的篮球是用足球代替的,场地的大小不等,活动人数不限,只是分为两队(人数相等),相互争夺,把球掷入对方的筐内,比赛以球进筐多者为胜。篮球活动最初在室内进行,室内墙壁可挂篮子。由于球投中后不便取出,很快就将篮筐的底部取消了。当在室外进行篮球活动时,为了防止球投到场外,耽误时间,就在篮子后上方增设了铁丝挡网或挡板,于是篮板就此产生了。

篮球运动诞生时正是欧洲工业革命时期,篮球游戏对抗激烈,运动量大,室内、室外都可以进行,很符合时代的步调。此游戏深受当时美国青年的欢迎,并在1891年12月25日的圣诞节举行有关活动,所以篮球界把这一天定为篮球运动的生日。为了避免粗野动作和伤害事故的发生,使游戏更规范化,奈史密斯在1892年制定篮球规则,包括5条原则和13条基本内容,并对设施、场地、球有了限定,至此现代篮球运动基本成型。篮球历史上的第一场正式比赛是1892年3月11日在青年会训练学校里举行的。比赛双方是奈史密斯等7名教师与培训班的几名学生,比赛分上、下两半时,每半时15分钟,中间休息10分钟,比赛结束时教师队以1∶5负于学生队。教师队唯一的一个球是由美式足球创始人史达科投中的。在此之前篮球活动都是由男士参加的。当年的某一天,奈史密斯老师正在体育馆里组织男子篮球比赛时,被附近白金汉小学的女教师看到了,由于好奇,她们常利用吃午饭路经体育馆时观看男子篮球比赛。时间长了,她们成了观看男子篮球比赛的“常客”,通过观看篮球比赛对篮球运动产生了兴趣,也想参加篮球运动。就这样,几位女教师鼓足了勇气,集体去找奈史密斯老师,并直截了当地问:“妇女是否可以参加?”从来没有考虑过此问题的奈史密斯老师,只好用既不肯定、也不否定的口气进行了反问式的回答："为什么不可以参加？"在这样的情况下，奈史密斯老师就在体育馆里以白金汉小学的女教师为比赛参加者，成功地组织了一次正规的女子篮球比赛。比赛的一方是前述的白金汉小学那群女教师，另一方是白金汉小学的另一些女教师和速记员。据英文版《篮球运动起源》一书记载，她们就是奈史密斯先生发明篮球运动以后的第一批女篮运动员，其中一位名叫谢尔曼的运动员通过篮球运动结识了奈史密斯先生，由于志同道合，1894 年 6 月他们结为伉俪成为篮球史上一段传世佳话。

篮球运动的形成与发明者奈史密斯先生的初衷密切相关。他在发明篮球运动的过程中主要考虑到以下三个方面：

（1）新的竞技运动必须是"文明"的，严禁粗野的行为，以消除当时人们因体育运动粗野行为而产生的恐惧心理；

（2）新的竞技运动能弥补其他项目因季节、气候等自然条件的局限，不受这些因素影响，能在晚上和室内进行；

（3）新的竞技运动能使不同年龄、性别的人参加，而且特别吸引年轻人，同时改变了过去采用的瑞典、法国、德国式枯燥的训练方法。

第二节　篮球运动的特点

一、篮球运动的特点

篮球运动能成为国际大众性竞技体育项目有其独特之处，认识篮球运动的特点，对于学习、推广篮球运动和提高篮球运动水平十分必要。

（一）身高占优

篮球运动自诞生到现在其基本的活动方式是，以将篮球投入约 3.05 米高的篮筐内为目的，所以身材高大的参与者在投篮时手容易接近篮筐，进球的可能性就大；对抗时，身材高大的参与者，手能占有的空间也相对较大，获得和控制球的机会就多。所以高水平的篮球比赛被称为"巨人运动""巨人们的空间游戏"。

（二）动作灵活，技术多变，攻易守难

动作是人体运动的基本环节，是形成技术的基本因素，技术是合理动作的操作方法。篮球运动的球是由手来直接支配，手是整个人体运动器官中最灵活、最快捷、最精准的部位，用手直接去完成动作时，在方向、力量、速率、节奏性、精确度、突然性、可控性等方面都大大优于其他肢体。所以在比赛中，技术水平相近的两人进行角逐，往往进攻者容易成功。在篮球比赛中，技术的运用要随着比赛情况的变化及时、果断、快速地做出动作，以便争取主动、制约对手。随着运动员对篮球技术的掌握的不同，在体现技术运用能力的动作中也有不同的变化。

（三）独特的时空对抗

在篮球比赛中，攻、守双方所采用的技术手段和战术阵形要将空中、地面与时间有机地结合起来。因为篮球比赛是向悬挂于3.05米高的篮筐投入篮球的比赛，队员之间转移球和获得球基本上是在空中进行的，所以控制空间的进攻与防守需要特殊的制空条件和制空能力。由于比赛规则中有对时间的特殊要求，主动控制时间捕捉战机就成为攻守的关键。需要攻击速度快，准确性高，进攻失误率低；防守要利用规则时间条件，积极采取各种防守手段和方法，尽快转守为攻。所以，瞬间快速、准确地围绕空间目标不断转化防守，就成了篮球比赛中变防守被动为主动和积极掌握主动的重要保证。

（四）对抗激烈，娱乐性、观赏性强

篮球运动有激烈的对抗性，运动员要在全场内进行进攻与防守、突破与堵截、投篮与封盖、篮下争夺和空中拼抢，具有较强的身体对抗性。这种对抗对青少年的身体素质、技术、战术、篮球意识和比赛能力是一个良好的训练，更是对他们的人格精神和意志品质的良好锻炼。篮球是球的游戏，是以争夺球为中心的竞技游戏。游戏是人的天性，没有人会拒绝游戏。篮球运动与其他运动项目相比，形式多样，具有更强的参与性、趣味性、应变性、娱乐性和竞技性等，能满足不同人群的多种需求。篮球运动的形式可因人而异，运动量可随意调节，因此适宜各类人群的广泛参与。可以是3人的比赛，也可以是5人的比赛；可以是半场的比赛，也可以是全场的比赛。人们可以根据自己的爱好、条件去自由地选择参加;可以自由组合,自由搭配,组成一个球队来比赛。3 人篮球就是最喜闻乐见的运动游戏。各类不同的参与者都能在活动场上找到展示自我的方式,满足自己的不同层次的需求。

在高水平的比赛中,比赛双方斗智比谋,比技赛艺,使篮球赛场千变万化,扣人心弦。相比其他体育竞技运动,更显示出自身的吸引力。攻防拼抢带来的刺激,比赛变化带来的激情,巧妙配合带来的合作享受,获得胜利带来的精神愉悦,吸引着广大群众积极参加篮球活动和观赏篮球比赛。

(五)规则定期修改

随着篮球运动员技能的不断提高、对抗性的激烈程度增加,为了促进篮球运动的健康发展,国际篮球联合会定期对篮球规则进行修改。规则的修改一般每 4 年一次,它在一定程度上促进了技术和战术的合理运用,保证比赛在公平、对等的条件下进行,限制了一些不道德行为的发生,对篮球运动技术水平的进一步提高起到了促进作用。

二、篮球运动的作用与锻炼价值

(一)益体益心,强身增智

篮球运动不仅给人们带来运动快感,还使身体运动全面发展。篮球运动技术和战术的实践操作与实战运用过程,是通过对抗、变化着的时间、场地、距离、设施条件等,运用跑、跳、投等手段来完成的,而且要求跑似“脱兔”、跳似“猴翻”、展似“鹏飞”、停似“大象”、投似“飞燕”。适量参加篮球运动,能促进人的生理机能、中枢神经系统的支配能力,增进健康,提高灵敏、速度、力量、弹跳等身体素质,锻炼意志品质,保持和提高人的生命活力,提高生活质量。

在篮球比赛激烈时运动员的心跳可以达到每分钟 160 次以上,对内脏系统和循环系统有极好的锻炼作用。跑、跳、投动作能促进骨骼、肌肉的发育,促进四肢均衡、协调发展。由于篮球运动技术与动作的要求,青少年参与篮球运动有利于骨骼的生长。据统计,从小爱打篮球的运动爱好者,个子要比不打篮球的人长得高一些。由于篮筐在空中,而球可能在任何位置,所以篮球场上要展开地面与空中的全方位立体对抗。而且,所有的行动都要受到对手的制约,这就要求参与者依据自身实力,结合不同对手进行分析比较,斗智斗勇、扬长避短、克敌制胜。这能有效促进参与者的心理(智力、意志力、个性等)、技能、观察、应变等综合能力的提高,锻炼和培养发现问题、分析问题和解决问题的能力。

(二)团队合作,发挥个性

篮球运动对培养集体主义精神有积极作用。篮球队员之间只有团结合作、互相协调、默契配合,才能保证比赛的胜利。现代社会的高效率和快节奏限制了人们的相互交流与了解,但篮球场给人们提供了机会。篮球运动能有效缓解工作压力,良好的竞技环境又能培养健康的心理适应力和承受力,调整及维护参与者的心理健康水平。同时,篮球比赛作为集体项目,在增进交流和友谊的同时,更能有效地培养团结协作的集体主义精神,帮助参与者正确理解和处理好个人与集体、竞争与合作的关系等,培养运动员的拼搏精神、文明自律、尊重裁判、尊重对手、尊重观众等高尚的体育道德。因此,篮球是学校体育课中不可缺少的体育项目之一。

对于从事篮球运动专业的人员来说,篮球运动是一项创造性的活动,所有技、战术都既有原理和规则,又包含着个人的不同表现风格,没有固定的模式。每个人、每个队都可以用自己的方式来诠释自己对篮球的理解。也正是由于它的复杂性和多变性,需要参与者用自己的智慧创造性地去应对场上出现的各种问题,发挥自身的个性,从而有效地提高创新能力。

(三)开拓市场,促进社会经济发展

篮球运动的职业化、商业化和产业化正在快速地发展。高水平的篮球赛事已经采用职业化和商业化模式进行运作,有些国家篮球运动的商业化水平已经很高。当代顶级水平的职业篮球比赛已经发展成为一项具有特殊天赋的、极少数精英分子才有可能从事的、高收入的职业活动。

第二章　篮球运动的发展

第一节　篮球运动发展概况

一、篮球运动在世界各地的传播过程

篮球运动在美国发展很快,美国的青年在国际交往中把这项运动带到世界各地。世界各地的青年也把这一运动从美国带到了自己的国家。据考证,篮球运动是1895年冬由美国国家基督教青年协会派往中国天津青年会的第一任总干事来会里(David Willard Lyon)先生介绍传入中国的,然后相继在北京、上海等大城市的青年会中流行。我国是开展篮球运动较早的国家。

为了扩大影响,1904年在美国圣路易斯市举办的第三届奥运会上,由美国组队进行了第一次篮球表演赛。1908年美国制定了全国统一规则,并用多种文字出版,向全世界发行,促进了世界各大洲篮球运动的积极开展。篮球运动发展至今,国际篮球协会的会员国由8个增加到200多个。随着篮球运动在世界各地的蓬勃兴起,篮球运动这一体育项目的地位越来越高。

1915年在上海举行的第二届远东运动会上,篮球首次被列为国际体育竞赛的正式项目。

1930年举行第一次洲际篮球锦标赛(南美洲)。

1932年国际业余篮球联合会成立(有8个成员国家)。

1936年在第11届奥林匹克运动会上,男子篮球被列为正式比赛项目。中国队也参加了这次比赛,从此加入了国际篮联。

1938年欧洲举行首届篮球比赛。

1949 年美国成立“国家篮球协会”即 NBA,当时有 12 支球队。

1976 年在加拿大的蒙特利尔举办的第 21 届奥运会上,女子篮球被列为正式比赛项目。

1990 年国际篮联允许职业选手参加奥运会比赛。

至此,篮球运动已真正成为最受世界人民喜爱的运动项目之一。

二、篮球运动的发展过程

篮球运动的主要内容是篮球运动的技术、战术和比赛的规则。参考史料记载和篮球专家的考证与总结,篮球运动的发展过程经历了以下几个时期。

(一)初创探索时期

1891 年末,篮球运动诞生。为了使篮球比赛合理进行,1892—1893 年,奈史密斯先生对比赛场地作了分三个区域的规定,对场地大小也做了规定。制定了 13 条比赛规则,主要规则是不准持球跑,不准有粗野动作,不准用拳击球,否则即判犯规。还规定,连续 3 次犯规判负 1 分;比赛时间为上、下半时,各 15 分钟;上场比赛人数逐步缩减为每队 10 人、9 人、7 人,1893 年定为每队上场 5 人。进一步简化了比赛程序,特别是取消了篮圈的底部,使投入的球可以直接从篮中落下,不需要爬高取球。而且用铁质的篮圈取代了不同制作材料的篮圈,成型的木制篮板替代了铁丝挡网。至 1915 年在美国国内才统一了必须执行的比赛规则。此时攻守技术较简单,普遍是双手做几个传、投动作,竞赛中主要是以单兵作战为攻守形式,战术配合还在朦胧时期。由于篮球运动富有趣味性,迅速在美国各类学校中推广,并于 1926 年开始有了职业篮球联赛。在这一时期,篮球运动也伴随着美国文化、宗教的扩张,通过基督教青年会组织以及教师、留学生间的交往,先后向美洲、欧洲、亚洲、澳洲及非洲个别国家和地区逐渐传播。

(二)完善时期

经过 20 多年的逐步完善,从 20 世纪 30 年代开始技术上出现单手和行进间技术,并开始运用简单的组合技术动作,技术动作不断创新,动作速度加快,战术上单兵作战已较少见,进攻中多运用快攻、掩护、策应、突破分球等战术,防守开始强调集体性。人盯人、夹击、区域联防及混合防守等已被广泛运用。1925 年前后,进攻和防守的 5 名运动员有了较明确的分工,中锋对中锋,后卫对前锋,各自盯住自己的对手。但前锋的职责是只管进攻投篮,不管退守;后卫的职责是只管防守抢截球,不管投篮。前锋和后卫很少全场跑动,只有中锋要攻守兼顾。以后又逐渐改为两后卫 1 人助攻(活动后卫),1 人留守后场(固定后卫),两前锋也变为 1 人留在前场专管偷袭、快攻,1 人退守后场助防。技术动作也有所发展,跑动投篮出现了单手、高手投篮,立定投篮出现了双手胸前投篮,传球出现了单、双手击地传球,运球出现了两手交替运球躲闪防守和超越防守向前推进的技术。规则中增加了罚球区和罚球线,队员犯规 4 次即被取消比赛资格,犯规罚球可由队长指定任何一个队员主罚。比赛时间分为上、下半时各 20 分钟,中间休息 10 分钟。每次投中或罚中后,都在中圈跳球,重新开始比赛。为了适应并推动世界各国篮球运动的普及与提高,1932 年 6 月 8 日在瑞士的日内瓦,葡萄牙、罗马尼亚、瑞士、意大利、希腊、拉脱维亚、捷克斯洛伐克、阿根廷这 8 个国家的代表通过商讨,成立了"国家业余篮球联合会"。会上以美国大学生篮球竞赛规则为基础,初步制定了国际统一的 13 条竞赛规则。1936 年第 11 届奥运会时,篮球运动被列为男子正式比赛项目,国际篮联对比赛规则作了统一规定,出版了第一本国际统一的篮球规则。进入 20 世纪 40 年代后,随着篮球技术、战术的不断发展,高大队员的出现,篮球规则进行了补充和修订,从此篮球运动进入了完善、推广的新时期。

(三)成熟时期

在 1952 年和 1956 年第 15 届、第 16 届两届奥运会的篮球比赛中,身高 2 米以上的运动员开始增多,国际业余篮球联合会曾两次扩大篮球场地的"限制区"(也称"3 秒区");还规定,一个队控制球后,必须在 30 秒内投篮出手。1960 年第 17 届奥运会后取消了中场线,终止了有关 10 秒和球回后场的规定。1964 年第 18 届奥运会后,又恢复了中场线,这些规定又继续执行。1977 年增加了每队满 10 次犯规后,在防守犯规时罚球 2 次,防守投篮时犯规两罚有 1 次不中再加罚 1 次的规定。1981 年又将 10 次犯规后罚球的规定缩减到 8 次。很明显,人员的变化和技术、战术的发展引起了规则的改变,而规则的改变又促进了人员和技术、战术的进一步发展变化。特别是20世纪50年代后期,规则的改变对篮球比赛的攻守速度,对运动员的身体、技术、战术以及意志、作风等各方面都不断提出新的更高的要求,促进了篮球技术水平的迅速提高。女子篮球比赛是1976年第21届奥运会上才列为正式项目的。由于篮球运动进入奥运会,在世界体育中的地位得以提高,世界各地篮球运动比较盛行,所以进入20世纪50年代,技术上出现了高度、力量、速度、技巧相结合的全面化技术。进攻战术上以高大中锋强攻篮下和快攻为主要形式;防守战术主要以区域联防和全场人盯人紧逼较为盛行。

到了20世纪70年代,技术趋于技巧化,个人攻击力加强,防守能力提高。单一固定阵式的进攻战术打法已被综合移动进攻战术所取代,攻击性、破坏性更强的集体防守被广泛运用。

(四)创新时期

进入20世纪90年代,国际奥委会允许职业篮球队员参赛。特别是1992年在西班牙巴塞罗那举行的第25届奥运会上,美国"梦之队"超级明星为代表的现代篮球技巧表演把这项运动技艺展现得更加充实、完美,战术打法更为精练、多变、实用。由此,篮球运动发展进入了创新、攀登,寓竞技化、智谋化、技艺化于一体的新时期。标志着当代篮球运动的整体内容结构和优秀运动队伍综合智能与技能、身体与体能结构,以及运动员个体的体能、智能与掌握和运用篮球技术、战术的能力结构发生了质的变化。为此,1994年国际篮球联合会因运动员制空能力增强,空间拼抢激烈,对篮球竞赛规则又做了修改,以使比赛的空间争夺更激烈、更合理、更安全、更具有观赏性。由于运动员身体高度的普遍增长,制空争夺更激烈,便对篮板周边缩小,并增加胶皮保护圈。至1999年12月,又决定从2000年奥运会后开始实行一些新的规定,如比赛分为4节,每节比赛时间10分钟;各队每节如达到4次犯规,对以后发生的非控制球队犯规将处以2次罚球;将球队每次进攻的时间从30秒钟缩短为24秒;球由后场进入前场的时间限制从10秒缩短为8秒;奥运会和世界锦标赛可以实行3人裁判制度等。2008年北京奥运会后,国际篮联又对篮球规则进行了部分修改和补充。随着篮球运动的发展,篮球规则还将不断有新的修改,篮球运动的水平围绕着时间、空间、速度、高度,以及强化技艺、谋略和激烈对抗等技、战术将向更高层次发展。篮球运动的艺术观赏性也将逐步提高。

第二节　现代篮球运动的发展趋势

一、现代篮球运动的发展趋势

进入21世纪后,篮球运动作为一种全球性社会文化,将进一步在世界范围普及和发展,进一步形成既具大众性,又具科技性、竞技性,还具产业性和艺术观赏性的社会特殊文化形态。

现代篮球运动的发展趋势主要反映在大众篮球运动在全球普及,竞技比赛文化氛围全面提高,尤其在发展中国家这种运动性文化色彩将成为社会生活的特殊组成部分,尤其是群众业余篮球活动的迅猛开展,篮球运动的爱好者越来越多,篮球运动的健身娱乐价值迅速提升。3人篮球赛的吸引力越来越大就是一个例证。篮球运动在学校的健身、教育功能将会更加显著,活动形式开始多样化,业余的篮球组织、篮球幼苗的培养将会成为校园生活的一部分;由于职业篮球赛事对社会经济的影响加大,现代篮球运动的商业和社会价值被逐渐关注和开发,由于参与人数多、观赏性强等特点,引起了政府、社会和企业等的关注。来自政府及社会的较大投入极大地改善了篮球运动的环境。特别是NBA在全球的显著影响,促使职业篮球运动在全球拓展,商业化气息加强,观赏性加浓,职业篮球比赛将会成为新兴的产业,篮球竞赛的规则与制度也将会为适应篮球运动产业的发展去变革。篮球的观念将会有所改变,高科技进一步渗透入篮球运动的理论与实践,篮球运动会形成新结构、新体系。从2008年北京奥运会的篮球比赛中可以看到,世界高水准的篮球队的队员身材高大化、技术全面化,比赛的节奏更快,强队之间差距很小,强队队员的身份既是国家队队员又是NBA球队的球员,使得竞技篮球群雄相争,出现新的格局和特点。

二、现代篮球运动发展的主要特点

篮球运动的技、战术水准不断提高,现代篮球运动的发展特点主要反映在智、高、快、准、全、变等方面,特别是近几年来篮球比赛中的技艺具有高度观赏性,篮球赛事的举办具有高度的商业性。随着现代篮球运动的发展,将会使人感觉球场越来越小、比赛时间越来越短、篮架越来越低、篮筐越来越大、场上变化越来越快、队员身体接触越来越频繁和剧烈、核心球员的特殊功能越来越突出。

(一)智

教师和运动员都要用智去练,用智去赛,用正确意识去斗,要有综合的文化科技知识储存,把握篮球运动的本质规律,用才能与聪慧去驾驭篮球。

(二)高

篮球运动员应具有身高、弹跳、高空技战术和空间对抗能力等。要成为世界强队,球队必须具备一定的"高度"。目前世界强队中男队队员的平均身高为2~2.05米;女队队员的平均身高为1.83~1.85米。除了身高之外,优秀运动员也都具备了出色的弹跳能力,许多男子运动员的净跳高度超过了1米,比赛中争抢篮板球的高度可达到3.5米以上,例如NBA的飞人乔丹,他的助跑摸高超过3.8米。被称为"滑翔机"的德雷克斯勒,面对着3.55米高的篮圈照样能扣篮。而早在20世纪60年代就有"盖帽祖师爷"之称的拉塞尔身高2.06米,可以轻松地摸到3.95米篮板上沿。据记载,能扣篮的最矮的运动员是身高仅1.6米的美国黑人运动员托捏·勃加斯。有资料显示:20世纪80年代初就有美国的黑人女子篮球运动员在训练中表演了扣篮动作。著名美国女子篮球运动员莱斯莉,身高1.96米,在2002年赛季的WNBA联赛中成功扣篮,成为第一个在职业联赛中扣篮的女子篮球运动员。我国也涌现出了一大批有"高度"的球员,例如前国家队队长孙风武,身高1.86米,可以轻松地双手正、反扣篮;前国家队队员,曾任国家队主教师的王非,身高1.92米,在比赛中可将队友投篮未中的球直接按进篮筐。来自山东的宋涛,身高2.08米,是第一位被NBA球队(亚特兰大鹰队)选中的中国球员。近年来又涌现出了胡卫东(身高 1.98 米)、王治郅(身高 2.14 米)、姚明(身高 2.26 米)等一批能完成“空中接力扣篮”的优秀选手。当然,优异的身高及弹跳只是成为优秀选手的基本条件之一,在此基础上还必须具备高超的空间技、战术和空间对抗能力。从近年来的发展变化看,世界强队在提高技巧的同时,身高增长日趋平缓,但体重明显增加,这说明身体的对抗将日趋激烈。

(三)快

快速是篮球运动的核心和灵魂。现代高水平竞技篮球由于进攻时间的限制使得攻、防转换的速度越来越快,各队不断强化“快”的意识和“快”的训练,使得比赛中各个环节的衔接越来越快,运动员完成技战术的动作速率及转换越来越快,各种有针对性的制约与反制约的变化也越来越快。但是,并不是在任何情况下都一味求快,因此,节奏的控制与把握更能显示出控制比赛水平的尚低。

(四)准

具体反映在投篮和传球的准确性上,首先以远投和强对抗下的投篮命中率为代表。其次还表现为攻守技术运用的准确性的提高,以及实现技、战术配合在时间、空间、节奏等方面的准确把握。

(五)全

运动员应具备全面的身体机能、身体素质、心理、智力、思维、技战术水平、协同配合等攻守能力全面均衡。同时,要求队伍具备全面的风格,兼容各种打法,不能偏废。

(六)变

技、战术的发展和规则的变化及对手的具体特点等迫使运动员不断提高自身能力并适当调整技、战术的运用。现代篮球运动既是实力的对抗,又是智谋的决战,在各队实力日趋接近的比赛中,如何面对赛场的千变万化已成为取胜的关键。

(七)星

现代篮球比赛中,明星球员的作用日趋明显。他们的共同特点是作风顽强、技术全面、特点突出、心理稳定、得分能力强、攻守兼备、智勇双全，在全队最困难和最需要的时候，往往是他们挺身而出，率领全队渡过难关。因此，每个队都应有自己的明星球员，都应该下大力气培养自己的明星球员。

（八）技

现代篮球比赛已将技、战术与艺术融合为一体。有时，篮球比赛场已成为高水平运动员展示其高超技巧、体能和智慧的艺术舞台，给人以美的享受和健康向上的启迪。

（九）阵

教师在排兵布阵中精心策划，细致演练。依据自身的条件，结合对手的具体情况，追求最大限度地发挥个人和全队的特长，以扬长避短，尽可能有效地抑制对手的特长，争取比赛的主动。

（十）帅

教师是一队的主帅，负责球队的训练和比赛，决定着球队的发展前途，特别是在实力相当或决战的关键时刻，对赢得胜利起着决定性的作用。

（十一）女子篮球“男子化”

现代的女子篮球运动与男子篮球运动的差距日益缩小。以前只在男子篮球比赛中才出现的技、战术等，现在已经越来越频繁地出现在女子篮球比赛中。柔与刚的结合更显示女子篮球运动发展的特点和独特的魅力。

三、国际篮球大赛赛事简介

国际上的重大篮球竞赛活动除奥林匹克运动会篮球赛和世界篮球锦标赛以外，还有传统性的欧洲、亚洲、非洲、南美洲、中美洲等地区性的篮球赛，以及世界大学生、中学生运动会篮球赛，世界军队和世界俱乐部篮球锦标赛等。

历届奥运会篮球比赛参加的办法不断变更，到 1980 年的第 22 届奥运会时，规定 12 个国家参加。产生这 12 个国家的办法是：上届奥运会的前 3 名；欧洲预选赛和美洲预选赛的前 3 名；亚洲、非洲和大洋洲各 1 名。分两组进行两个阶段的比赛决定名次。每四年举办一次,设男子比赛和女子比赛。

世界篮球锦标赛男子篮球比赛从1950年开始,女子篮球比赛从1953年开始,男子、女子比赛分别举行。每届比赛间隔时间不定,一般是4年一届,历届世界男篮锦标赛的参加办法不完全相同。到1978年第8届时,参加办法是:上届奥运会的前3名,上届锦标赛的前3名,欧洲、美洲、亚洲、非洲、大洋洲锦标赛冠军队和主办国,被邀请国(按规程规定,主办国可邀请1~2个国家的球队参加比赛),共14个队分3组进行预赛,各取前两名,加上上届冠军和本届主办国队,共8个队采用单循环制决赛。世界篮球锦标赛共有六个赛事,都是每两年举办一次,分别是:男子比赛,女子比赛,U19(19岁以下)、U17(17岁以下)世界青年男、女篮球锦标赛。另外,还有残疾人参与的于1973年开始举办的男子轮椅篮球比赛和于1990年开始举办的女子轮椅篮球比赛。

在中国举行的国际篮球赛事是“斯坦科维奇洲际篮球冠军杯”比赛。斯坦科维奇洲际篮球冠军杯比赛于2005年在中国北京首次举办,比赛由国际篮球联合会(FIBA)主席程万琦博士发起,为表彰国际篮联秘书长斯坦科维奇先生为国际篮球发展所做出的贡献,以斯坦科维奇先生名字命名而举办。斯坦科维奇杯是各大洲的冠、亚军之间的比赛,是世界篮球界的交流赛事。

国际上最负盛名的篮球比赛是美国的“NBA职业联赛”。NBA是美国全国篮球协会National Basketball Association的英文缩写,于1949年由美国两大篮球组织BAA和NBL合并成立。NBA的赛制分为常规赛和季后赛。常规赛从每年的11月初开始,至次年的4月20日左右结束。季后赛从4月下旬开始,直到6月中旬决出总冠军为止。NBA的常规赛比赛采用主、客场制,29支球队在常规赛赛季共要进行1189场比赛,每个球队在常规赛中参加的比赛场次都是82场。不过,常规赛中各球队相互间的比赛场数不等。同一联盟且同一赛区的球队之间进行两主、两客,共4场的比赛;不同联盟间的球队之间进行一主、一客,共2场比赛;同一联盟不同赛区的两支球队间进行2~3场比赛,这一比赛场数各队不同,但可保证各队参加常规赛的总场次是82场。常规赛结束后,按照比赛胜率(胜率=获胜场数/82)的高低排出东、西部联盟的前8支球队,这16支队伍将获得参加季后赛的资格。季后赛首先在东、西两联盟内部进行,对阵形式为:第 1 对第 8,第 3 对第 6,第 2 对第 7,第 4 对第 5。季后赛采取淘汰制,第一和第二轮都采用 5 战 3 胜制,哪支球队先获得 3 场比赛的胜利即可淘汰对手。比赛根据 2-2-1 原则排定主客场,即常规赛排名靠前的球队将获得最先两个和最后一个 3 个主场的优势(先打两个主场,再打两个客场,最后一场回主场)。常规赛第三轮(即东、西部联盟决赛)和东、西部联盟冠军参加的 NBA 总决战采用 7 战 4 胜制,主客场则根据 2-3-2 原则排定。NBA 目前拥有 30 支球队,分为东、西两个联盟,东、西各有 3 个赛区共 6 个赛区。每个球队在常规赛中都要参加 82 场比赛。常规赛结束之后东西部联盟排前 8 位的球队进入季后赛争夺,其中每个赛区的第一名直接进入季后赛前三名。淘汰赛直到决出东西部冠军为止。然后由东西部冠军队伍进行总决赛。季后赛和总决赛都采用 7 场 4 胜制,常规赛胜率较高的球队获得多一个主场的优势。

2018 年 9 月 1 日,中国男篮红队以 84∶72 战胜伊朗,时隔八年重夺亚运会冠军,同时也是历史第 8 次夺冠。2019 年 8 月,易建联成为中国男篮的新任队长。8 月 31 日,世界杯首战中国男篮 70∶55 力克科特迪瓦。9 月 2 日,世界杯第二场小组赛中国男篮加时 73 比 76 惜败波兰。9 月 4 日,中国男篮以 59∶72 不敌委内瑞拉,无缘本届世界杯 16 强。9 月 6 日,排位赛首场 77∶73 战胜韩国队。9 月 8 日,排位赛最后一轮中国男篮以 73∶86 不敌尼日利亚,无缘直通东京奥运会门票。9 月 10 日,2019 男篮世界杯中国位居第 24 名,失去了“直通”奥运资格。10 月 31 日,中国篮协聘请杜锋担任中国男篮主教练,组建新一届中国男篮。

第三节　中国篮球运动的发展

一、中国篮球的历史

篮球运动自 1895 年由美国国家基督教青年协会派来中国天津青年会第一任总干事来会里先生介绍传入中国后,逐渐成为人们喜闻乐见的社会文化形态之一。在中国教育领域里篮球成为一门教育学科,在中国竞技体育范畴内篮球是重点发展的竞技项目。

1895—1949年期间,篮球运动主要在天津、上海及北京等有限的城市青年会组织和某些中等以上学校的少数学生中开展。20世纪30年代,在中国共产党领导的革命军队里,篮球运动是革命根据地的主要体育运动项目之一。男子篮球列为1910年中国第一届全国运动会的表演项目,1914年列为正式比赛项目;女子篮球于1930年列为正式比赛项目。这一期间,篮球在广大城乡人民群众中未能得到普及,推广面极窄,竞赛活动较少,从国内外比赛成绩反映来看整体水平较低。1949年以后我国非常重视体育活动的开展,篮球运动也得到了蓬勃发展。1949年新中国成立时,我国就组成了大学生篮球队参加国际比赛。以后,国家又采取了一系列措施,如1950年12月邀请世界劲旅苏联队前来访问、比赛,并借此组织学习、研讨等活动,极大地促进了篮球运动在我国的普及和提高。至20世纪50年代末,我国的篮球运动水平已接近世界先进水平。但在"文化大革命"的冲击下,中国篮球运动的发展出现了停滞和倒退,拉大了与世界强队之间的差距。1971年我国开始重新组织训练青少年运动员,1972年举办了全国五项球类运动会,逐步建立了自己的联赛体制,1973年后恢复国际交往,1974年开始参加世界性比赛。我国的男、女篮球队分别在1975年和1976年获得了亚洲冠军,确立了亚洲强队的地位并走向了世界。1977年我国女篮在世界大学生运动会上取得第5名;1978年男篮获得第8届世界锦标赛第11名;1983年女篮在第9届世界锦标赛中荣获第3名,取得了历史性突破;1986年,男篮获得第10届世界锦标赛第9名。1994年底,我国开始篮球赛制改革,尝试将以前联赛的"赛会制"改为主、客场制,并在1995年初试办了八强主客场赛,取得了巨大的成功。于是从1995年底开始,中国篮球联赛的赛制改为跨年度的主客场联赛,简称CBA联赛。这一改革举措促使中国的篮球运动进入了一个新的发展时期。1998年中国大学生体协推出了CUBA联赛。2001年底,中国女篮也开始效仿男篮,举办了主客场联赛,简称WCBA联赛。2002年,在我国的江苏省又成功举办了世界最高水平的女子篮球比赛——第14届世界女篮锦标赛,这是国际篮球协会对我国女子篮球运动发展所取得成绩的肯定。截至2009年8月,中国篮球在世界大赛中取得的最好成绩是:男篮在1994年第12届世界锦标赛,1996 年、2008 年奥运会上三次闯入前 8 名;女篮则在 1992 年奥运会和 1994 年世锦赛上两次荣登亚军领奖台。在亚洲,中国篮球保持着领先水平。

二、中国篮球面向的未来

(1)扩大篮球运动的普及面。增加篮球爱好者的数量和质量,吸引更多的年轻人加入到篮球场上来,使之成为全民健身的重要内容。

(2)转变观念,转化职能,调整理念,狠抓科学训练工作,科学制定奋斗目标,争取在世界大赛中取得新的突破。

(3)完善职业俱乐部的管理和竞赛法规等的建设,提高职业化、社会化和市场化程度,办好职业联赛,早日走向世界。

(4)解放思想,更新观念,大力发展篮球产业,开发和完善篮球运动的竞赛市场、培训市场、健身娱乐市场、标志产品市场和电视转播市场等。积极扶持和培养有经验、有能力的篮球经营人才。

三、国内篮球大赛赛事简介

篮球比赛是我国大型、综合性运动会的主要项目之一,在全国运动会、全国城市运动会、全国大学生运动会、全国中学生运动会、全国残疾人运动会中都设有篮球比赛。另外,还有全国性的篮球单项比赛。比较受关注的大赛分别是以下几个。

(一)中国男子篮球职业联赛

中国男子篮球职业联赛是由中国篮球协会(China Basketball Association,简称CBA)所主办的跨年度主客场制篮球联赛,是中国最高等级的篮球比赛,中文媒体上多用 CBA 来称呼此联赛。联赛自每年的 10 月或 11 月开始至次年的 4 月左右结束,时间长度和美国的 NBA 相仿。2005 年,联赛从中国篮球甲级联赛正式更名为现在的中国男子篮球职业联赛,其规模、管理、运作和受关注程度都堪称是中国最好、最规范的职业联赛,同时也是亚洲地区水平最高的篮球联赛。内容涉及俱乐部制度、机构设置、比赛场馆设施、财务制度、参赛保证金、球队建设等 12 个方面。准入制最核心部分就是俱乐部必须提供 2000 万元人民币注册资金及 700 万元人民币参赛保证金，而700万元保证金可以由200万元现金和500万元的固定资产组成。2020年9月15日，林书豪通过个人社交平台发布视频宣布，下个赛季将不再代表北京首钢男篮征战CBA赛场，而将继续寻求征战美国职业篮球联赛的机会。2020年10月20日，中国篮球协会发布了《中国篮球协会致敬八一男女篮》，至此，八一男子篮球队正式退出了中国男子篮球职业联赛。

（二）中国女子篮球甲级联赛（WCBA）

中国女子篮球甲级联赛是由中国女子篮球协会（Women's Chinese Basketball Association，简称WCBA）所主办的跨年度主客场制篮球联赛，是中国最高等级的女子篮球比赛，中文媒体上多用WCBA来称呼此联赛。联赛创建于2002年，是中国首次举行全部主客场制的女篮比赛。WCBA联赛分两个阶段进行：第一阶段（预赛）采用主客场赛制进行双循环比赛，按积分排列出12个队的预赛名次；预赛前4名按名次顺序自行选择对手，1/4和1/2决赛进行3战2胜交叉淘汰赛；总决赛进行5战3胜比赛。联赛一周双赛，全部比赛共155场，每队最少打22场，最多打33场比赛。联赛自当年的11月开始至次年2月12日进行第一阶段常规赛，次年3月底结束。

在2014—2015赛季由中国女子篮球甲级联赛与乙级联赛合并而来，简称WCBA联赛。中国篮协成立中国女子篮球联赛委员会，下设WCBA联赛办公室作为常设办事机构，负责联赛事宜。

2020年6月10日，中国篮协通过官方微博发布通知称，经综合考量，决定取消2019—2020赛季WCBA联赛后续比赛。2019-2020赛季WCBA联赛排名以常规赛第1-18轮排名为准。

2020年9月4日，中国篮协公布2020—2021赛季WCBA竞赛方案，联赛将于10月1日开打，采用赛会制。常规赛分两个阶段，先后在成都和呼和浩特进行。此外，新赛季运动员注册将于9月10日17时截止，不设外援，上赛季第9名及以后的球队可注册1名港澳台球员。

2020年10月20日，中国篮协发布了《中国篮球协会致敬八一男女篮》的消息，就此确认八一男女篮不再参加CBA联赛和WCBA联赛。这也意味着这支军旅之师成为了历史，八一女篮正式退出了联赛舞台。

2021 年 1 月 4 日，在安徽蚌埠进行的 2020—2021 赛季中国女子篮球联赛（WCBA）总决赛第二场比赛中，内蒙古农信队以 93 比 82 战胜新疆体彩队，以总比分 2 比 0 夺得本赛季联赛冠军。

第四节　中国大学生篮球联赛

一、中国大学生篮球联赛

中国大学生篮球联赛，简称 CUBA，始于 1998 年 3 月。比赛分为男、女组，自每年 9 月至翌年 6 月。赛程分基层预赛、分区赛、八强赛、冠军挑战赛。基层预赛是每年 9—11 月，分区赛分别是：东南区（翌年 3 月 1 日—3 月 7 日）；西南区（3 月 8 日—3 月 14 日）；西北区（3 月 15 日—3 月 21 日）；东北区（3 月 22 日—3 月 28 日）。八强赛是女八强赛（4 月 22 日—5 月 9 日），男八强赛（5 月 12 日—6 月 26 日）。冠军挑战赛是每年 9 月—11 月。具体分区及参赛单位如下。东南区：上海、江苏、浙江、安徽、江西、福建、广东、海南、台湾。西南区：湖北、湖南、广西、贵州、云南、四川、重庆、西藏。西北区：山西、陕西、甘肃、新疆、青海、宁夏、内蒙古、河南、香港。东北区：北京、天津、辽宁、吉林、黑龙江、河北、山东、澳门。各省、自治区、直辖市、特别行政区预赛的男、女冠军队（以校为单位）参加分区赛。

CUBA 以发展高校篮球运动、培养篮球人才为目的，是中国数百万大学生自己的体育赛事。CUBA 是中国体育史上第一个采取社会化、产业化运作模式来发展，同时吸引着更多的大学生参与、关注这项运动。篮球在大学校园里，不再是一种游戏，它是文化的诠释、个性的张扬、求学的梦想、新概念的舒张。CUBA 始终把维护业余体育的纯洁性放在第一位，参赛队员必须是全日制在校大学生；曾经是或目前仍属于国家、省、自治区、直辖市、特别行政区运动队的正式在编运动员，均不得参加比赛。凡在篮球运动管理中心或中国篮球协会注册的，以及曾参加全国青年联赛、WCBA 联赛、NBL 联赛、CBA 联赛的运动员，不得参加比赛。

2020 年 8 月 29 日,第 22 届中国大学生篮球联赛(CUBA)一级联赛(男子组)全国总决赛在福建省泉州市举行。清华大学队最终以 83 比 75 击败中南大学队,夺得总决赛冠军。

二、中国大学生篮球超级联赛

中国大学生篮球超级联赛,简称大超联赛、CUBS,始于 2004 年 10 月。“大超联赛”至 2015 年已举办了 11 届。首届“大超联赛”于 2004 年 10 月拉开战幕,清华、人大、复旦、厦大等全国 16 所著名高校的男子篮球队参加了比赛。大超联赛的出现带有明确的任务:为今后必须由教育部组队参加的“世界大学生运动会”选拔队员、为 CBA 联赛各专业队输送人才。大超联赛的推出对进一步提高高校篮球水平、拓展中国篮球运动员的培养渠道、扩大中国篮球市场都发挥着重要的作用。专业选手的加盟带动了我国大学篮球整体水平的发展,提高了联赛的观赏性。目前,比赛只有男子组,分北区和南区,自每年的 11 月开始至翌年的 6 月。赛程分第一阶段(常规赛),第二阶段(季后赛),第三阶段(总决赛)。赛时一般在赛程期间周六的下午 3 点开始。

CUBS 首次向在中国篮协注册的专业队员敞开了大门,各高校在引进专业运动员上有了较大的运作空间,与赛季时间没有冲突的 CBL 球员、青年队球员只要入学手续完备、年龄适合并能提供“在校在读”的证明就可以参赛。大超联赛的推出,对进一步提高学校篮球的竞技水平,拓展中国高水平篮球运动员的培养渠道、扩大中国篮球市场都将发挥重要作用。CUBS 联赛的出现带有明确的任务:承担起为中国篮球发掘、培养和输送篮球人才的使命,为必须由国家教委组队参加的“世界大学生运动会”输送人才;为 CBA 专业队直接输送人才。从大学生篮球联赛的角度来讲,专业选手的加盟可以带动大学篮球整体水平的发展,提高联赛的观赏性。

第三章　篮球初级班教学

第一节　移　动

移动是篮球运动中运动员为了改变位置、方向、速度和争取高度等所采取的各种脚步动作方法的总称。它是篮球技术的基础,是篮球运动中攻防共有的技术,是篮球初级班的学生必须要掌握的一个技术部分。

移动的种类有很多,初级班学生要掌握的移动技术有变速跑、变向跑、侧身跑、后退跑、急停急起、转身、滑步、交叉步等。

一、主要移动技术的动作要领和易犯错误

(一)变速跑

1. 动作要领

加速跑时,两脚要突然短促而有力地连续蹬地,同时上体稍向前倾;减速跑时,前脚掌用力抵地来减缓前冲力,同时上体直起,身体重心后移。

2. 易犯错误

减速跑时,上体没有直起,从而不能保证身体重心后移;加速跑时,上体没有前倾。

(二)变向跑

1. 动作要领

变向跑时(以从右向左变方向为例),最后一步右脚蹬地时脚尖稍向内扣,前脚掌内侧用力蹬地,腰部左转,身体重心快速向左边移动,左脚向左前方快速跨出,

右脚迅速跟上，加速前进，如图 3-1 所示。

图 3-1

2. 易犯错误

身体重心没有快速移动。

(三)侧身跑

1. 动作要领

在跑动的过程中头部与上体侧转向球的方向，脚尖要朝着前进的方向，保持跑速或者加速，还要完成攻守的动作。

2. 易犯错误

在跑动的过程中上体没有侧转。

(四)后退跑

1. 动作要领

后退跑时，用前脚掌交替蹬地提膝向后跑动，上体放松直起，两臂屈肘相应摆动，保持身体平衡，两眼平视，观察场上情况。

2. 易犯错误

整个脚掌蹬地，容易失去身体平衡。

（五）急停

急停的动作有两种：跨步急停（两步急停）和跳步急停（一步急停）。

1. 跨步急停

图 3-2

（1）动作要领：在快速跑动中急停时，先向前跨出一大步，并迅速屈膝，身体向后撤，后移重心。然后再跨出第二步，脚着地时，脚尖稍向内转，用脚前掌内侧蹬地面，两膝弯曲，重心保持在两脚之间，两臂屈肘且自然张开，帮助保持身体平衡，如图 3-2 所示。

（2）易犯错误：跨出第一步以后，身体没有后撤，重心没有后移，导致跨第二步后不能停稳，身体失去平衡。

2. 跳步急停

（1）动作要领：在中速或者慢速移动时，用单脚或双脚起跳，两脚同时着地，两膝弯曲，两臂屈肘微张，以保持身体平衡，如图 3-3 所示。

图 3-3

（2）易犯错误：起跳以后，双脚没有同时着地。

（六）转身

1. 动作要领

转身时，重心移向中枢脚，另一只脚的前脚掌蹬地，同时中枢脚以前脚掌为轴用力碾地，上体随着移动脚转动，以肩带腰向前或向后改变身体方向，转身后，重心要转移到两脚之间。转身可以分为前转身(见图3-4)和后转身(见图3-5)。前转身是移动脚蹬地在中枢脚前方(身前)进行弧形移动;后转身是移动脚蹬地在中枢脚后方(身后)进行弧形移动。

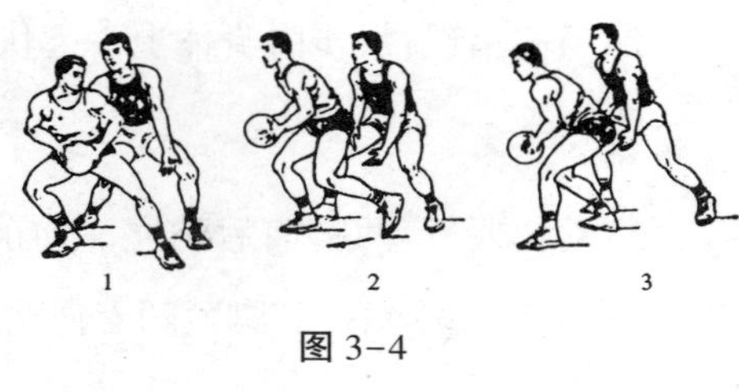

图3-4

图3-5

2.易犯错误

转身时,身体重心没有向中枢脚移动;移动时,身体重心起伏幅度太大。

(七)滑步

1.侧滑步

(1)动作要领:两脚平行站立,两膝较深弯曲,上体稍向前倾,两臂侧伸。向左侧滑步时,右脚前脚掌内侧蹬地,左脚向左跨出,在落地的同时右脚紧随滑动,向左脚靠近,两脚保持一定的距离,左脚继续跨出。在滑步时,身体不要上下起伏,眼睛要看着对手,如图3-6所示。向右侧滑步时,脚步动作相反。

图3-6

(2)易犯错误:滑步时身体上下起伏幅度太大。

2. 前滑步

(1)动作要领:两脚前后站立。向前滑步时,后脚的前脚掌内侧蹬地,前脚向前跨出一小步,着地后,后脚紧随着向前滑动,保持前后开立姿势,如图 3-7 所示。

图 3-7

(2)易犯错误:滑步移动时身体重心上下起伏。

3. 后滑步

(1)动作要领:后滑步的动作方法与前滑步相同,只是向后移动。

(2)易犯错误:向后移动时,身体重心上下起伏。

4. 滑跳步(碎步)

(1)动作要领:两脚平行站立稍比肩宽,两膝保持弯曲,移动时,不停地用前脚掌蹬地,用小而快的步法向左、右、前、后移动。移动时步幅小,保持平步防守姿势,上体不要起伏。

(2)易犯错误:移动时,两膝没有保持弯曲;没有保持平步防守姿势,用全脚掌蹬地。

二、运用移动技术应注意的问题

(1)移动技术经常是由几个脚步动作组合或与其他技术动作组合在一起加以

运用,如起动—跑、接球急停—转身运球、滑步—起跳—断球、运球—跳起投篮或传球、转身挡人—起跳空中争篮板球等。因此,在掌握移动单个动作的基础上,应加强组合动作的练习,解决好动作之间的衔接与结合,才能不断提高移动技术运用的质量。

(2)移动技术的运用,不仅要有良好的身体素质和熟练的脚步动作做基础,而且还要有良好的观察判断、反应能力和篮球意识,以及顽强拼搏的精神。因此,移动技术运用应把意识、动作和心理因素三方面综合起来,才能提高移动技术运用的及时性、主动性和灵活性。

(3)移动技术的运用,要快慢结合、动静结合、真假结合,才能根据比赛中的实际情况,把主变与应变很好地加以结合,提高移动技术运用的及时性、主动性和灵活性。

三、移动的常用练习方法

(一)跑

(1)在场地内根据手势或其他信号做侧身跑、变向跑、变速跑、后退跑等。

(2)在场地内做直线快跑、曲线快跑,利用三个圆圈做弧线跑,利用场上横线做折线跑。

(3)在场地内连续交替做各种跑,如直线跑—弧线跑、弧线跑—直线跑、变向跑—弧线侧身跑、变速直线跑等。

(二)急停

(1)慢跑中做跨步急停和跳步急停。

(2)在直线快速跑动中做跨步急停。

(3)在运球中做跳步急停和跨步急停。

(三)转身

(1)原地做跨步、撤步、前转身、后转身的练习。

(2)原地面对防守队员做前转身、后转身的练习。

(3)原地接球后做前转身、后转身传球或运球的练习。

(4)跑动中做前转身或后转身继续跑的练习。

(5)运球中做前转身或后转身的练习。

(四)滑步

(1)看手势或其他信号做向左向右滑步、向后滑步、向前滑步的练习。

(2)看手势或其他信号做向左、向右、向前、向后滑跳步的练习。

(3)做一对一防守移动的练习。

(4)做移动技术综合练习:

①进攻中跑动及换位的练习,如图 3-8、图 3-9 所示;

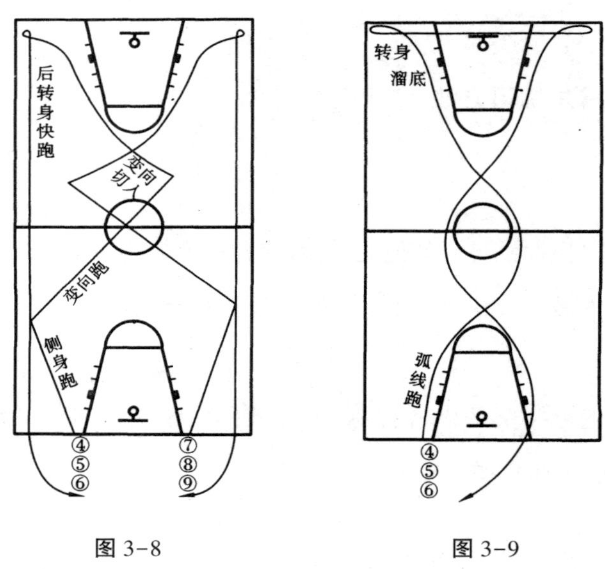

图 3-8　　图 3-9

②移动动作组合的练习,如图 3-10、图 3-11 所示;

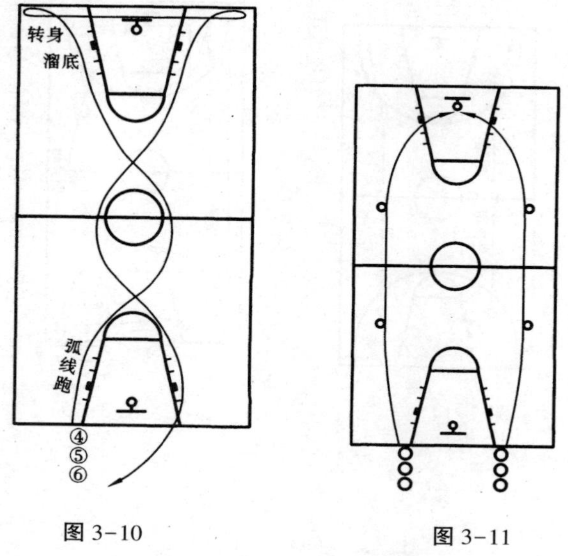

图 3-10　　图 3-11

③半场摆脱防守的练习，如图 3-12、图 3-13 所示；

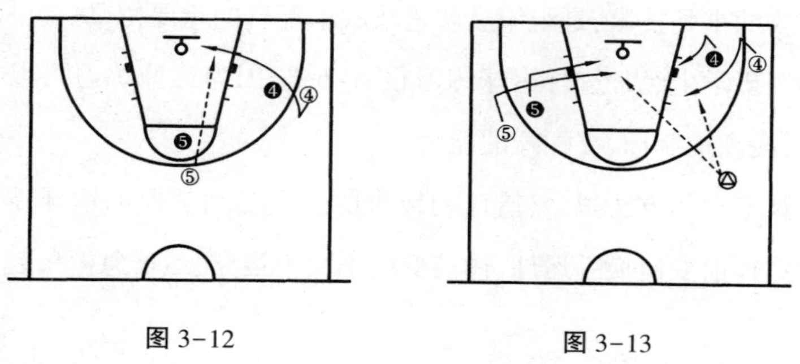

图 3-12　　图 3-13

④攻守转换的练习，如图 3-14、图 3-15 所示。

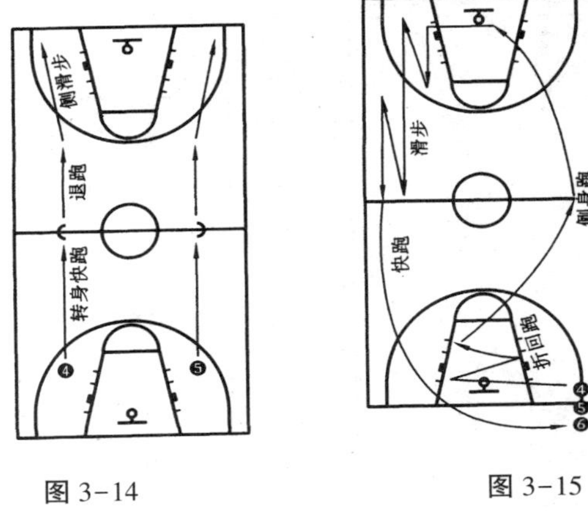

图 3-14　　图 3-15

第二节　运　球

运球是指运动员用手连续拍按从地面反弹起来的球的动作过程。它是篮球比赛中个人进攻的重要技术,是组织全队进攻战术配合的重要桥梁。

篮球初级班学生经常进行运球练习很有必要,因为运球练习可以提高手对球的感应能力,提高控制球、支配球的能力。

运球的技术动作方法很多,篮球初级班的学生必须掌握的运球技术动作有高运球、低运球、体前变向换手运球、体前变向不换手运球、运球急停疾起等。

一、运球技术的动作

(一)高运球

1. 动作要领

运球时,两腿微屈,目平视,手用力向下前方推按球,球的落点在身体侧前方,球反弹的高度在胸腹之间,手脚协调配合,使球有节奏地向前运行,如图 3-16 所示。

图 3-16

2. 运用

高运球身体重心高、速度快,便于观察场上情况。

3. 易犯错误

手脚配合不协调;没有推按球的后上方;球的落点不在身体的侧前方。

4. 常用的练习方法

(1)原地高运球练习。

(2)原地双手用两个球做高运球练习。

(3)全场往返直线高运球练习。

(二)低运球

1. 动作要领

运球遇到防守时，两膝应该弯曲，身体重心下降，上体前倾，用上体和腿保护好球。同时，用手短促地按球，使球从地面向上反弹的高度在膝部以下，以便更好地控制球和摆脱防守，继续前进，如图 3-17 所示。

图 3-17

2. 运用

当受到对方紧逼时，常用这种运球摆脱防守。

3. 易犯错误

没有降低重心；球没有保护在两腿之间。

4. 常用的练习方法

(1)原地低运球练习。

(2)两人一组一球，一人低运球，另一人抢球。

(3)一人用双手运两个球做低运球练习。

(三)体前变向换手运球

1. 动作要领

如图 3-18 所示，运球队员从对手右侧突破时，先向对手左侧变向运球，然后向右侧变向。变向时，右手拍按球的右后上方，把球从自己的右侧拍按到左侧前方，同时右脚向左前方跨出，上体左转，用肩保护球，然后换手运球，加速前进。

图 3-18

2. 运用

这种运球一般用于当对手堵截运球前进路线时,突然改变运球方向而摆脱防守。

3. 易犯错误

变向时或换手后拍球的部位不正确,没有用转肩、探肩的动作保护好球。

4. 常用的练习方法

(1)原地体前变向换手运球练习。

(2)原地"8"字形运球,即在两腿的外侧和中间交错运球,提高控球能力。

注意按拍球的部位,屈膝抬头,保护好球,左右交替。

(3)行进间体前变向换手运球练习,如图 3-19 所示队形站立,队员围绕三个圆圈练习变向运球,运至两圆圈之间换手,在圆圈的外侧运球时必须用外侧手。

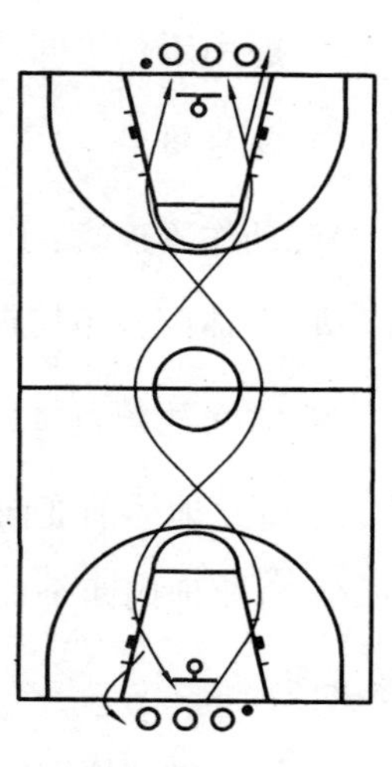

图 3-19

(四)体前变向不换手运球

1. 动作要领

如图 3-20 所示，突破对方时，先将球从右侧拨至体前中间位置，当对手向侧移动堵截时，迅速将球拨回右侧，左脚向右前方跨出，同时右手向前运球，加速前进。

图 3-20

2. 运用

一般用于行进间运球摆脱防守或原地运球时突然突破对手。

3. 易犯错误

假动作不逼真；手向左向右拨球部位不正确、不熟练；手、脚、上体配合不协调。

4. 常用的练习方法

(1)原地体前变向不换手练习。

(2)原地用两个球左、右手同时做体前变向不换手运球练习。

(3)行进间体前变向不换手运球练习。

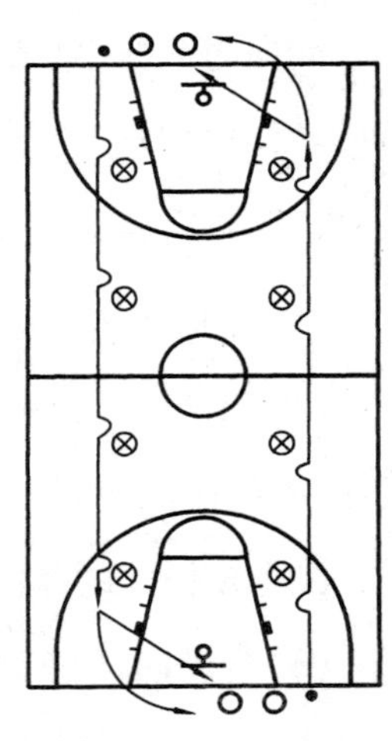

图 3-21

如图 3-21 所示队形站立，运球到障碍物时做横运球，随后做变向不换手运球超越障碍物。超越最后一个障碍物后，把球传给另一组的队员，轮流进行练习。

要求：变向运球时注意拍按球的部位，要降低重心，保护好球。摆脱障碍物时，变向超越的动作要快，要加速。

（五）运球急停疾起

1. 动作要领

运球急停时，按拍球的前上方；运球疾起时，蹬地，推按球的后上方。手、脚和上体协调配合，控制好重心，如图3-22所示。

2. 运用

运球向前推进时，可以用运球急停疾起的变化来摆脱防守。

3. 易犯错误

急停时没有拍球的前上方；疾起时，没有推按球的后下方。

4. 常用的练习方法

如图3-23练习运球急停疾起或变速运球。一组练完后交对面的一组队员，轮流进行练习。

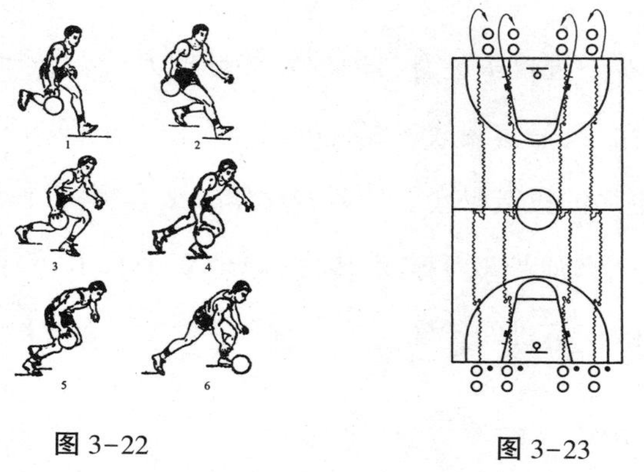

图3-22　　图3-23

二、运用运球技术时应注意的问题

（1）要熟悉本队的战术，了解战术中的每一个进攻机会，便于掌握运球时机。

（2）要扩大视野，全面观察场上的情况。当同伴被对方严密防守不能传球时，可以运球投篮或通过运球寻找传球时机。

（3）要善于运用假动作迷惑对手，灵活地运用各种运球动作，借以摆脱防守的阻挠，并把运球与传球、投篮动作结合起来。

(4)要准确地判断、及时地捕捉传球或投篮时机。当同伴摆脱防守，抢占有利的进攻位置时，运球队员要及时地把球传给同伴；在防守队员失去有利的防守位置时，运球队员要及时地运球投篮。

(5)在发动快攻过程中，抢到防守篮板球时，防守队员积极封堵第一传、堵截接应队员，这时持球队员可运球突破摆脱防守，然后迅速地把球传给接应队员或快下队员；在快速推进和结束过程中，快下队员被对方严密防守时，可用运球快速推进或运球投篮。

(6)阵地进攻中，当对方扩大防区时，可用运球压缩防守；当进攻位置不合适时，可用运球调整位置；当对方用紧逼防守时，可用运球突破，打乱对方的防守部署；在采用控制球战术时，可以用运球拖延时间。

第三节　传　球

传球是篮球比赛中进攻队员有目的地转移球的方法，是进攻队员在场上相互联系和组织进攻的纽带，是实现战术配合的具体手段。准确的传球，能够打乱对方的防御部署，创造更多的投篮机会。传球的动作方法有很多，篮球初级班的学生要掌握的传球动作方法有原地双手胸前传球、原地双手头上传球、原地单手肩上传球、原地单手胸前传球、行进间传球。

一、传球技术动作

(一)原地双手胸前传球

1. 动作要领

如图 3-24 所示，两手手指自然分开，拇指相对成“八”字形，用指根以上部位持球，手心空出。两肘自然弯曲于体侧，将球置于胸腹之间的部位。身体成站立姿势，眼睛注视传球目标。传球时，后脚蹬地，身体重心前移的同时前臂迅速向传球的方向伸出,拇指用力下压,手腕前屈,食、中指用力拨球将球传出。出球后身体迅速调整成基本站立姿势。传球距离越近,前臂前伸的幅度越小;传球距离越远,前臂前伸的幅度越大,且需要加大蹬地的力量。

图 3-24

2. 易犯错误

持球手法不正确;开始传球时,前臂没有迅速向传球方向伸出;传球时手腕不是由内向外翻;传球时拇指没有下压,食指和中指没有拨球。

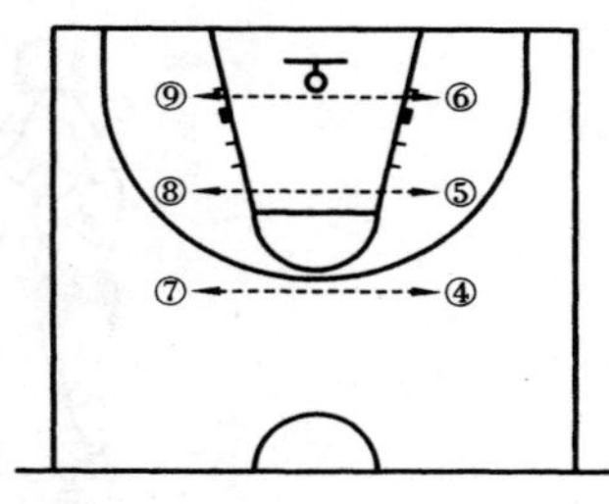

图 3-25

3. 运用

双手胸前传球是最基本、最常用的传球方法,这种传球方法传出的球球速快,适用于不同距离,而且便于和投篮、突破等动作结合使用。

4. 常用的练习方法

(1)原地两人对面传球练习。如图 3-25 所示,2 人一组,对面站立,相距 3~7 米。

目的:掌正确的双手胸前传球技术。

要求:传球速度由慢到快,距离由近到远。

图 3-26

(2)五角传球。5 人站成五角形,如图 3-26 所示,⑥传球给⑦,⑦传球给④,④传球给⑤,⑤传球给⑧,⑧传球给⑥,如此反复。此练习开始时只用一个球,熟练后用两个球。

目的:提高快速传球的能力。

要求：传球准确，力量适中。

（二）原地双手头上传球

1. 动作要领

如图 3-27 所示，双手举球于头上，两肘弯曲，持球手法与双手胸前传球相同。近距离传球时，前臂内旋，手腕前屈，拇指、食指和中指用力拨球，将球传出。较远距离传球时，脚蹬地，腰腹用力，前臂迅速前摆，手腕前屈，手指用力拨球，将球传出。

图 3-27

2. 易犯错误

小臂没有前摆，手腕没有前屈。

3. 运用

这种传球方法持球点高，便于与头上投篮结合使用，但与突破、运球及其他传球结合时，却增加了动作幅度。它多用于中、近距离传球，如抢篮板球后的传球、外围队员的转移球，以及向内线队员传高吊球。

4. 常用的练习方法

参考原地双手胸前传球。

(三)原地单手肩上传球

1. 动作要领

图 3-28

如图 3-28 所示(以右手传球为例),双手持球于胸前,两脚平行开立。传球时,左脚向传球方向迈出半步,同时将球引到右肩上方,肘部外展,上臂与地面近似平行,手腕后仰。右手托球,左肩对着传球方向,重心落在右脚上,右脚蹬地,转体,前臂迅速向前挥摆,手腕前屈,通过食指、中指拨球,将球传出。球出手后,随着身体重心前移,右脚向前迈出半步保持身体平衡。

2. 易犯错误

传球时没有蹬地、转体挥臂;传球动作过程中没有扣腕。

3. 运用

这种传球的力量大,球飞行的速度快,常用于中、远距离传球。

4. 常用的练习方法

两人一组,对面站立,相距 10~15 米,两人对面传球。

目的:掌握正确的单手肩上传球动作技术。

要求:传球距离由近到远。

(四)原地单手胸前传球

1. 动作要领

如图 3-29 所示(以右手传球为例),持球方法与双手胸前传球基本相同。传球时,上体稍右转,然后右脚蹬地,重心前移,同时左手离开球。右手持球的侧后下方,用伸臂、屈腕、拨指将球传出。

图 3-29

2. 易犯错误

左手离开球时,右手没有迅速向传球方向伸出;手腕没有屈;手指没有拨球或者没有用食指、中指和无名指拨球。

3. 运用

这种传球多用于近距离传球,它容易和其他技术动作结合运用。

4. 常用的练习方法

(1)两人一组,对面站立,相距 3~7 米,两人对面传球。

(2)原地接不同方向的球和向不同方向传球的练习,如图 3-30 所示,④、⑤各持一球,④先传球给⑥,⑥接球后迅速传给⑧,⑧再传给④。当⑥刚把球传给⑧时,⑤立即传球给⑥,⑥传给⑦,⑦再传给⑤。如此反复练习,传接球一定时间后,队员交换位置。

目的:掌握不同方向的传球方法,扩大传球视野。

要求:用眼睛的余光观察传、接球者的情况,传球动作由慢到快。

（五）行进间传球

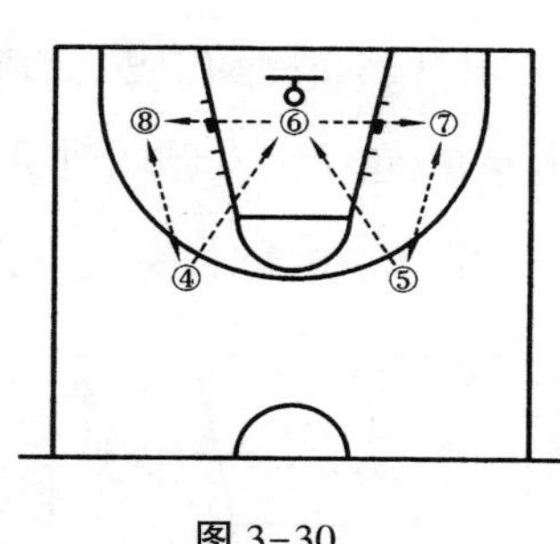

图 3-30

1. 动作要领

接球的同时，一只脚落地，另一只脚向前跨出一步后离地的同时将球传出。

2. 易犯错误

接球时双脚着地；出现走步现象。

3. 运用

这种传球主要用于快速突破和快攻中。

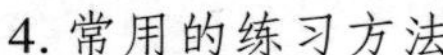
4. 常用的练习方法

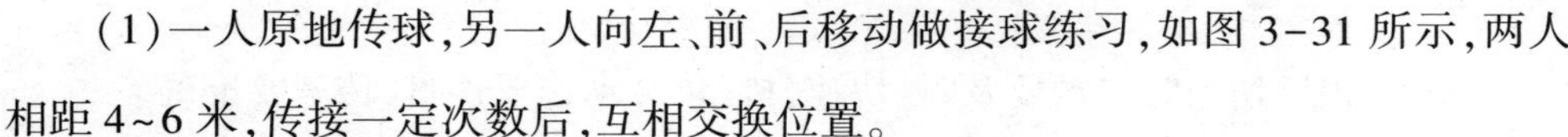
（1）一人原地传球，另一人向左、前、后移动做接球练习，如图 3-31 所示，两人相距 4~6 米，传接一定次数后，互相交换位置。

目的：学习掌握不同方向移动传接球。

要求：传球、接球动作要连贯，不能走步。

（2）两人对面站立，相距 5~6 米，做迎面移动传、接球练习，如图 3-32 所示。

目的：提高传接球时手、脚协调配合能力。

要求：传球的力量要柔和，接、传球时不能走步。

（3）三角传接球练习。队员站位如图 3-33 所示，站成三角形。④传给⑤后跑到⑤组排尾，⑤传给⑥后跑到⑥组排尾。以此类推，按逆时针方向传球和换位。

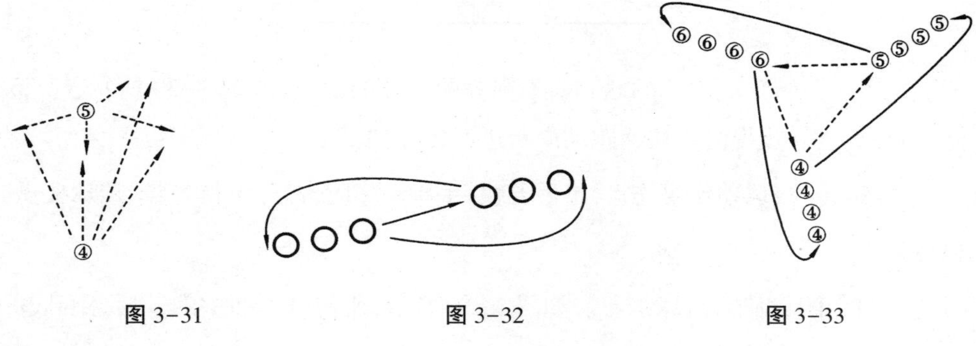

图 3-31　图 3-32　图 3-33

目的:在跑动中进一步熟练各种传接球的方法和要领。学习掌握传接球的技术要领,包括启动跑的时机、传球的力量、传球速度和弧度以及落点等。

要求:接球时,要上步,接、传球的动作要连贯,不得走步。

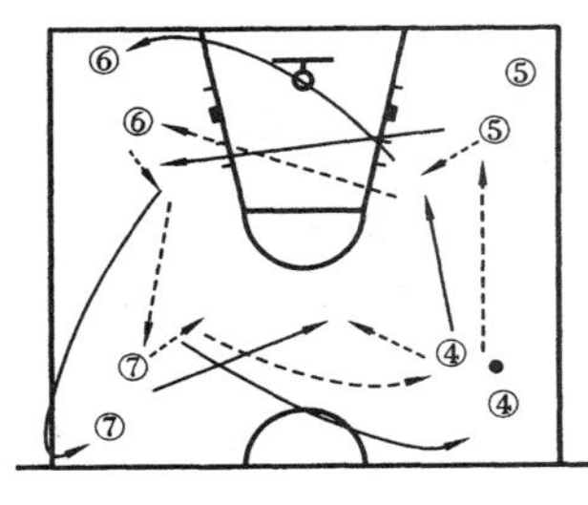

图 3-34

(4)连续传、接球切入练习。如图 3-34 所示,分 4 组站成四角形,④传球给⑤,切入接⑤的回传球,并在跑动中传球给⑥,然后跑到⑥的排尾;当④传球给⑥时,⑤紧跟着启动,切入接⑥的传球,在跑动中传给⑦,然后跑到⑦的排尾。依次连续进行练习。

目的:在快速跑动中进一步熟练掌握各种传接球的方法,将传接球与起动、侧身跑组合起来;提高跑动中传接球时与前后左右同伴的联系。

要求:跟进切入时启动要及时、快速,接、传球动作要连贯,传球要准确。

(5)两人全场行进间传、接球练习。如图 3-35 所示,④传球给⑤后,立即启动向前跑接⑤的传球,⑤传给④后,立即启动向前跑接④的传球,直到对面篮下上篮。当第一组传球上篮后,第二组开始练习。

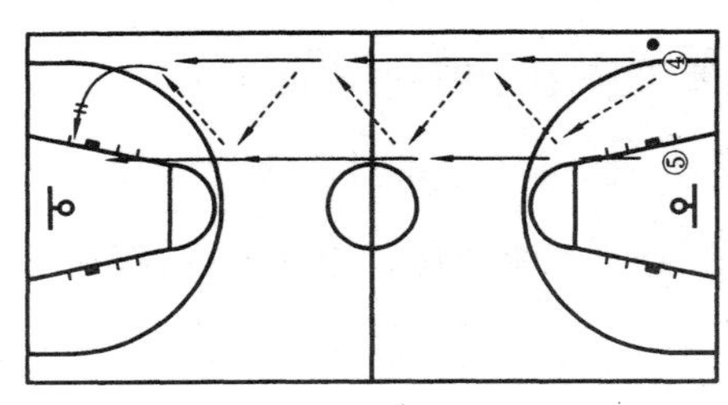

图 3-35

目的:进一步提高在快速跑动中行进间传球技术。

要求:传、接球动作要连贯,出手要快,手脚动作配合好,不得走步,传球要做到以球领人。

(6)四角移动传、接球练习。如图 3-36 所示,④传球给插中的⑤后,跑到⑤组的排尾,⑤传球给⑥,并快速跑到⑥组的排尾,⑥接球后传给插中的⑦,并跑到⑦组的排尾，⑦传给④后跑到④组的排尾。如此反复进行。

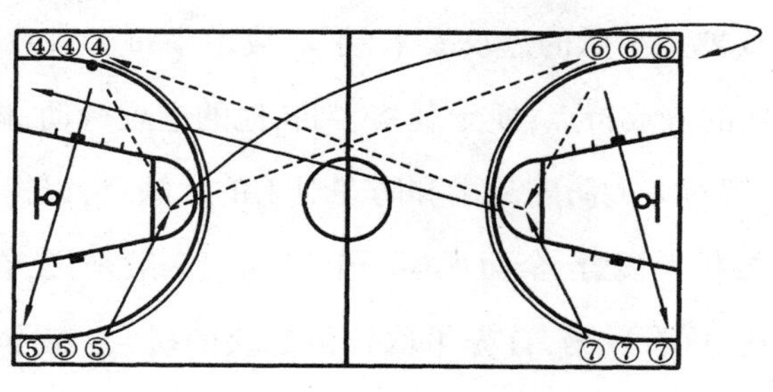

图 3-36

目的：进一步提高移动中传球的准确性。

要求：启动要及时，传球要准确。

(7)全场 3 人“8”字形围绕传、接球练习。如图 3-37 所示，3 人一组。⑤传球给插中的⑥后，快速从⑥的背后绕过向前跑，⑥接球后传给插中的④，并从④的背后绕过向前跑。如此反复进行。

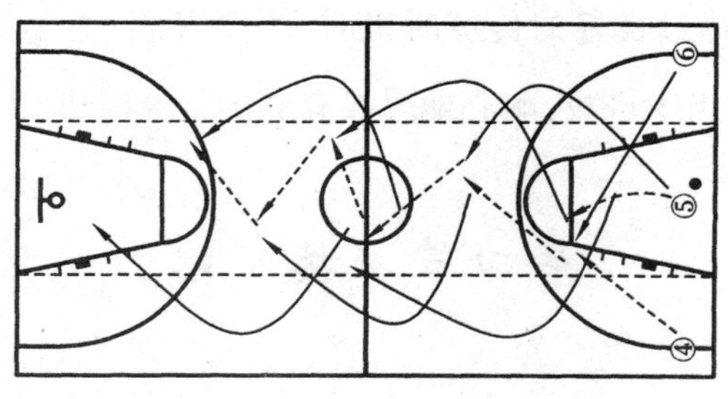

图 3-37

目的：在快速弧线跑动中，提高传球技术能力。

要求：传球要准确到位，传球后要加速迎球向前跑。

二、运起传球技术应注意的问题

(1)传球时，应根据接球队员的位置、移动的速度，决定传球力量的大小、方向和传球方式。一般是将球传到远离防守人一侧的位置上,使接球队员接球后,便于顺利完成下一个进攻动作。

(2)进攻队员要熟悉本队的进攻战术,了解战术中每个进攻机会,便于掌握传球时机;要了解同伴的进攻特点,便于观察、判断他的进攻行动,做出具有针对性的传球;同时,还要了解对方的防守战术和防守对手的优缺点,以提高传球的准确性。

(3)传球队员要扩大视野,全面观察场上情况。一般来说,在后场由防守转入进攻时,应先看前场,再看后场,首先争取长传快攻的机会;在阵地进攻时,应先看内线,再看外围队员,首先是争取内线的有利进攻机会。

(4)持球队员要准确地判断并及时捕捉传球时机。当同伴摆脱对手抢占有利的进攻位置的瞬间,持球队员要及时地把球传给同伴,要做到人到球到。

(5)持球队员根据同伴和防守队员的情况,选择合理的传球位置。一般来说,是把球传给同伴远离防守一侧的位置上,使之既可以避免对手的抢断球,又便于同伴接球后顺利地完成下一个进攻动作。

(6)持球队员要善于运用假动作迷惑对手,巧妙地利用时间差和位置差,还要及时地、准确地把球传给同伴。

(7)当持球队员错过良好的传球时机时,不要着急,更不要停球时间过长,应该在运球移动中继续组织进攻,耐心地寻找有利的传球时机。

第四节 接 球

接球是篮球运动中的主要技术之一,是获得球的动作,是抢篮板球和断球的基础。在激烈对抗的比赛中,能否采用正确的动作牢稳地接球,对减少传球失误、弥补传球不足,以及截获对方的球等是非常重要的。

接球有双手接球和单手接球两种,接球时眼睛要注视球,肩、臂都要放松,手臂要迎球伸出,手指自然分开。当手指触球时,屈肘,臂后引,缓冲来球的力量,双手握球,保持身体平衡,以便做下个动作。

一、双手接球

双手接球是最基本的接球方法,也是在比赛中运用最多的动作之一。其优点是握球牢稳,易于转换其他动作。

(一)双手接胸部高度的球

如图 3-38 所示。接球时,两眼注视来球,两臂伸出迎球,手指自然分开,两拇指成"八"字形,手指向前上方,两手成一个半圆形。当手指触球后,两臂随球后引缓冲来球的力量,两手握球于胸腹之间。保持身体平衡,做好传球、投篮或突破的准备。

图 3-38

(二)双手接头部高度的球

动作要领基本与双手接胸部高度的球相同,只是迎球时要向前上方伸出。

(三)双手接低于腰部的球

如图 3-39 所示,接球时,屈膝降低重心,一条腿向来球方向迈出一步,上体前倾,眼睛注视来球,双手伸出迎球。当手指触球后,两臂随来球后引,握球于胸腹之间,成基本站立姿势。

图 3-39

(四)双手接反弹球

如图 3-40 所示，接球时，迎球跨步，上体前倾，眼睛注视来球反弹的高度，两臂迎球向前下方伸出，五指自然张开。手指触球后，两手握球顺势将球移至胸腹间，保持身体平衡。

图 3-40

(五)双手接地滚球

如图 3-41 所示，接球时一般要向来球方向迈出一步，身体下蹲，眼睛注视来球，两手向来球方向伸出，手心向前，手指朝下。触球后顺势将球握住，随即保持基本持球姿势。

图 3-41

二、单手接球

单手接球控制的范围大，能接不同方向的来球。但是单手接球不如双手接球牢稳，因此，在一般情况下应尽量用双手接球。

如用右手接球，右脚向来球方向迈出，两眼注视来球。接球时，手掌成勺形，手指自然分开，右臂向来球的方向伸出。当手指触球时，手臂顺势将球向后下引，左手立即握球，双手将球握于胸腹之间，保持基本持球姿势。

三、运用接球技术应注意的问题

(1)接球时要观察、了解场上的情况,不要原地站着等球,要积极移动迎前接球。

(2)移动接球既要符合战术要求,又要掌握好传、接球的时机。

(3)摆脱接球时,要利用身体、上肢和脚步移动抢占空间位置,挡住对手可能断球的路线,保证接球的安全。

(4)接球的同时,要为下一个动作做好准备,要和下一个进攻动作衔接好。

(5)接球后要及时、快速地转 A 投篮、突破和传球等下个动作,以便在人和球的移动中创造更多的进攻机会。

四、接球技术的练习方法

接球技术总是和传球技术结合一起练习的,所以接球技术常用的练习方法与传球技术常用的方法相同。

第五节　投　篮

投篮是进攻队员为了将球从篮圈上投入篮筐而采取的各种专门动作方法的总称。投篮是篮球运动的主要进攻技术,是得分的唯一手段。一切技术、战术运用的目的,都是为了创造更多的投篮机会,力争投中得分。因此,掌握好投篮技术具有重要意义。

投篮的动作方法很多,篮球初级班要求掌握的投篮动作方法有:原地双手胸前投篮、原地单手肩上投篮、行进间单手肩上投篮、行进间单手低手投篮。

一、原地双手胸前投篮

(一)动作要领

如图 3-42 所示,两手持球于胸前,手指自然分开,拇指相对成“八”字形,用指根以上部位握球的两侧后下方，手心空出，两臂自然屈肘，肘关节下垂，两脚前后或左右开立，两膝微屈，重心落在两脚上，眼睛注视瞄准点。投篮时，下肢蹬地发力，两臂向前上方伸直，前臂内旋，拇指下压，手腕前屈，食、中指用力拨球，通过指端将球投出。球出手时身体随投篮出手方向自然伸展，脚跟微提起。

图 3-42

（二）易犯错误

投篮之前脚站立姿势不正确；投篮之前手持球动作不正确；投篮时，手和脚的用力不协调；投篮时，手腕没有前屈，食指和中指没有用力拨球；投篮出手后，双手没有跟随球的动作或跟随动作幅度不大。

（三）运用

原地双手胸前投篮的特点是投篮力量大，适用于中、远距离的投篮和罚球，便于和传球、运球突破相结合使用。比赛中，女运动员运用较多。

（四）常用的练习方法

（1）正面投篮。队员每人一球，在罚球线上排成单行，自投自抢，依次反复进行，如图 3-43 所示。

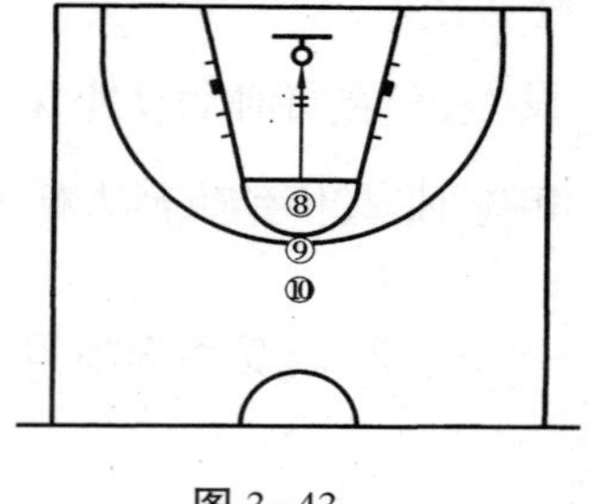

图 3-43

（2）各种距离、角度的投篮。队员面对球篮，每人一球，离球篮 5 ~ 7 米左右站成一个弧形，如图 3-44 所示。开始时，篮下有一人传球，投中者继续投，直到投不中为止。全部队员轮流练习后，按顺时针方向移动位置。

(3)三分篮加罚球。两人一组一球，如图 3-45 所示位置站好。开始时，队员④投三分篮后迅速冲抢篮板球并跑到罚球线上罚球一次；罚球后，抢篮板球，传给⑤，然后回到队尾。⑤照此法练习。练习一定时间后，比谁得分多。

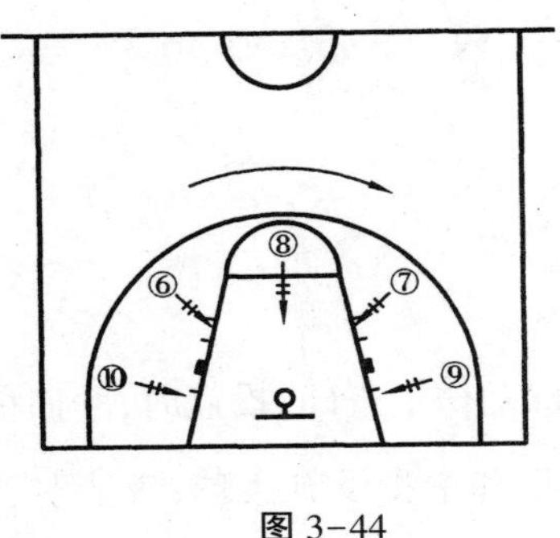

图 3-44

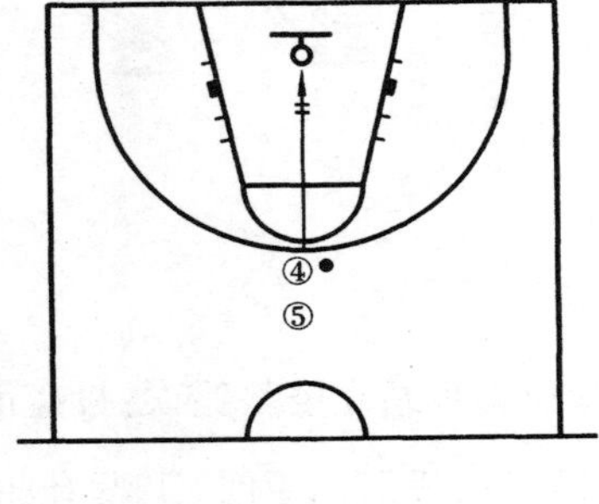

图 3-45

(4)两人一组一球，一人传球，一人投篮。规定连续投 10~20 次，或达到规定的投中次数。两人交换练习。

二、原地单手肩上投篮

(一)动作要领

以右手投篮为例。右手持球于肩上，右手五指自然分开，用手掌外沿和指根以上部位托住球的后下方，手心空出，手腕后仰，球的重心落在食指和中指之间，肘关节自然下垂，置球于右侧肩的前上方，左手扶球的左侧，右臂屈肘，前臂与地面接近垂直。两脚左右开立或前后开立，两膝微屈，重心落在两脚间。投篮时，下肢蹬地发力，右臂向前上方伸直，手腕前屈，食指、中指用力拨球，通过指端将球投出。球出手时，身体随投篮方向向上伸展，脚跟微提起，如图 3-46 所示。

图 3-46

（二）易犯错误

投篮前脚步站立姿势错误；投篮前手持球动作不正确；投篮时，手向前伸太多，向上方伸不够；投篮出手时，手没有屈腕，食指和中指没有拨球；投篮时，全身用力不协调。

（三）运用

原地单手肩上投篮是行进间单手肩上投篮、跳起单手肩上投篮的基础。运用这种投篮技术时，出手点高，所以适用于不同距离和位置，也便于和其他技术结合运用，是最先进的投篮技术之一。

（四）常用的练习方法

原地单手肩上投篮的练习方法可以参考原地双手胸前投篮的练习方法。

三、行进间单手肩上投篮

（一）动作要领

以右手投篮为例。右脚跨出一大步，同时接球，接着左脚跨出一小步并用力蹬地起跳，右腿屈膝向上抬起，右手举球于肩上，当身体接近最高点时右臂向前上方伸直，手腕前屈，食指、中指用力拨球，通过指端将球投出，如图 3-47 所示。

图 3-47

(二)易犯错误

在没有跨出第一步之前接球,造成走步违例;第二步跨步太大,不能控制身体平衡;举球速度不快,造成投篮动作衔接不上;没有掌握好上篮的角度和起跳点;手脚配合不协调。

(三)运用

一般多在快攻或切入篮下时运用,也可以在中距离、近距离运用。

(四)常用的练习方法

可以参考行进间单脚起跳低手投篮的练习方法。

四、行进间单手低手投篮

行进间单手低手投篮有单脚起跳和双脚起跳两种。

(一)行进间单脚起跳低手投篮

1. 动作要领

以右手投篮为例。右脚跨出一大步的同时接球,左脚接着跨出一小步并用力蹬地起跳，右腿屈膝上提，双手向前上方举球。当身体接近最高点时，左手离球，右手外旋，掌心向上，托球，并充分向球篮的上方伸直，接着屈腕，食指、中指用力拨球，通过指端将球投出，如图 3-48 所示。

图 3-48

2. 易犯错误

跨第一步前接球，造成走步；起跳点离篮圈太远；第二步跨出太大，不能控制身体平衡；起跳后，投篮手向篮圈方向举球不迅速；投篮手投篮时手掌心没有向上；投篮时，食指、中指没有用力拨球。

3. 运用

一般多在快攻或突破对手后运用。

4. 常用的练习方法

(1)半场传球上篮。如图 3-49 所示，两人半场传接球投篮，互换位置。

(2)半场三人传、接球投篮。如图 3-50 所示，3 人按图示路线跑动，传、接球投篮，依次换位进行。

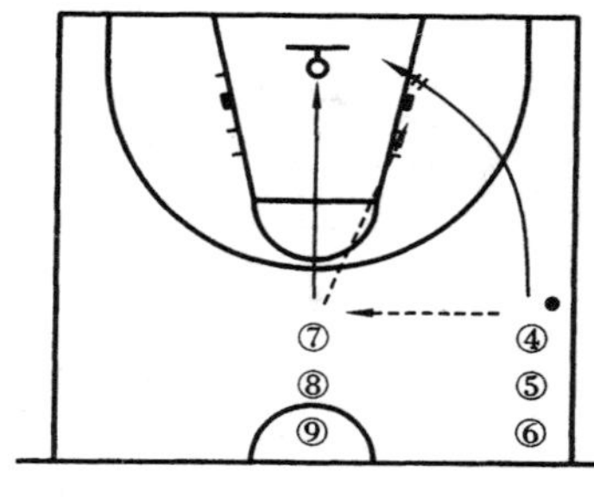

图 3-49

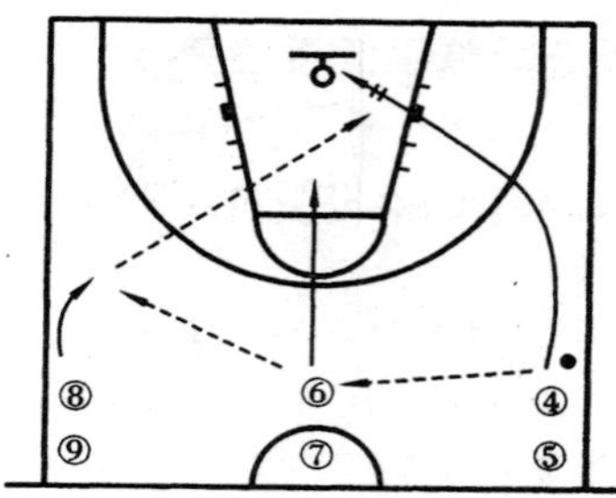

图 3-50

(3)半场三人交叉跑篮。如图 3-51 所示,队员按图示路线传球,交叉跑动接球投篮,然后抢篮板球,3 人按顺时针方向轮换。

(4)半场交叉切入上篮。如图 3-52 所示,④运球到中场附近传球给跑出的⑦后,到罚球线前接⑦的传球,并急停,⑦传球给④后,随即绕④左侧切入,接④传球后投篮,④传球后跟进,抢篮板球。两人互换位置,依次练习。

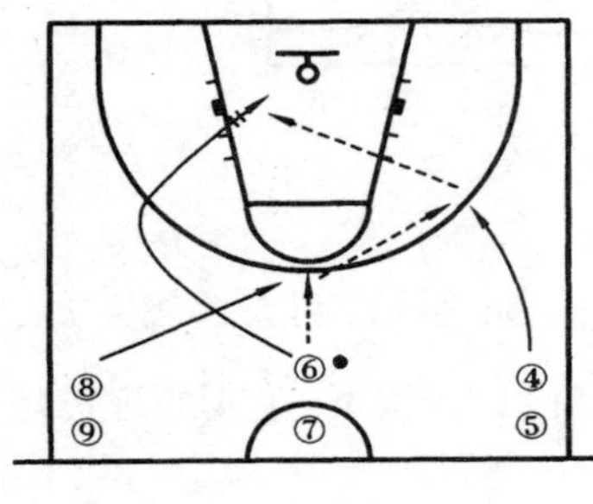

图 3-51

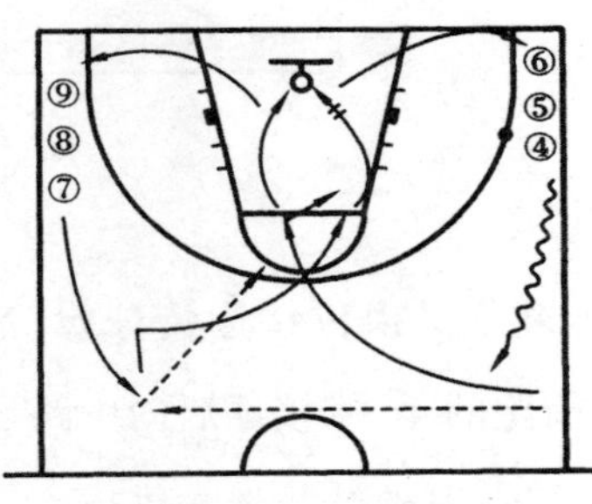

图 3-52

(5)接球运球投篮。如图 3-53 所示,⑦、④同时启动,⑦运球到中线附近传球给④后,迅速切到对侧,④接球后运球到另侧上篮。两人互换位置,依次练习。

(6)运球行进间投篮。如图 3-54 所示,投篮后自抢篮板球跑到另一组队尾。

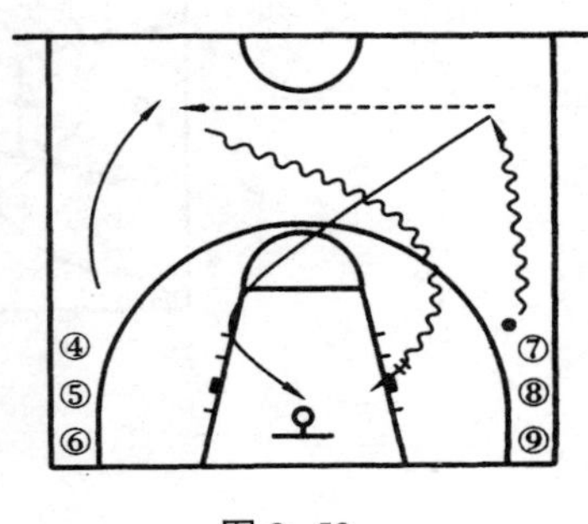

图 3-53

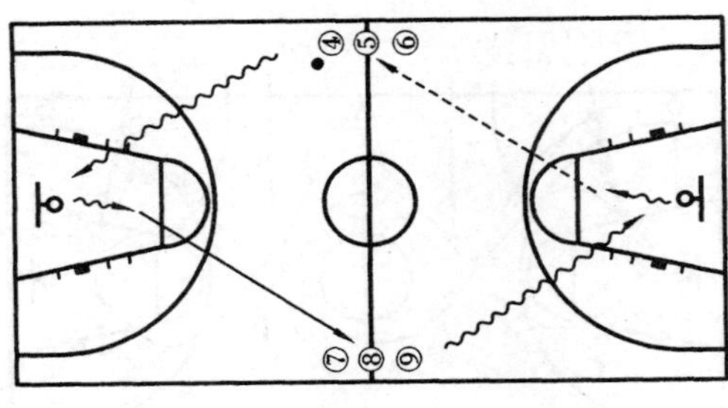

图 3-54

(7)全场运球、传球、接球投篮。如图 3-55 所示站位。开始时两边同时运球并传球给教师后切入接球投篮，自捡球到另一队排尾，依次练习。

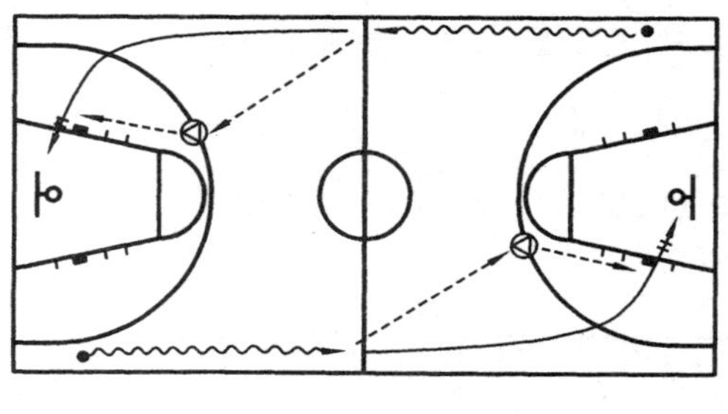

图 3-55

（8）全场交叉换位接远传球投篮。如图 3-56 所示，两人一组一球，开始时，⑦传球给前跑的④，④接球后向中路运球，⑦则沿边线快下，接④的远传球投篮，返回时交换位置，其他队员依次进行。

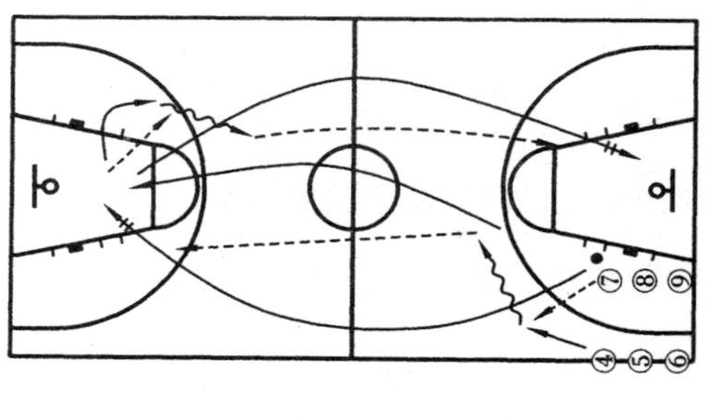

图 3-56

（9）全场弧线跑动传、接球投篮。如图 3-57 所示，队员沿圆圈跑动传、接球投篮。

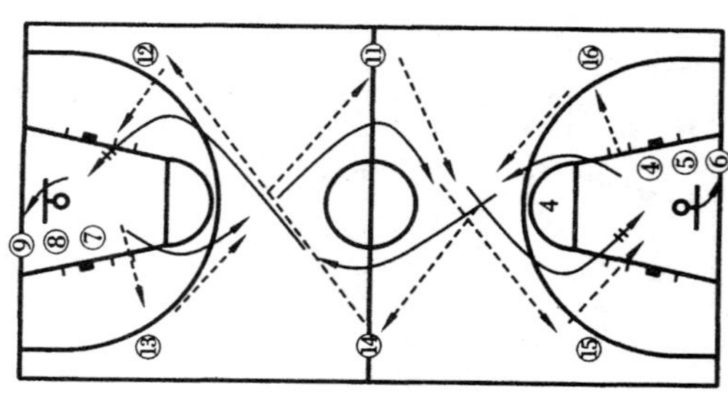

图 3-57

(二)行进间双脚起跳单手低手投篮

1. 动作要领

以右手投篮为例。左脚跨出一大步的同时接球,右脚迅速跨一小步,两脚同时蹬地向投篮方向跃起。投篮动作与单脚起跳单手低手投篮相同。

2. 易犯错误

起跳点离篮圈太远;双脚没有同时蹬地起跳。

3. 运用

一般在快攻或突破对手时运用。

4. 常用的练习方法

参考行进间单脚起跳低手投篮的练习方法。

第六节　抢篮板球

抢篮板球是指篮球比赛中双方队员争抢投篮未中、从篮板或篮圈反弹出的球的过程。它分为抢进攻篮板球和抢防守篮板球。抢进攻篮板球指进攻队员争抢本队投篮未中的球;抢防守篮板球指防守队员抢对方未投中的球。篮板球的争夺是攻守矛盾转化的关键,是增加进攻次数的有力保证,它对比赛的胜负起着至关重要的作用。抢篮板球技术动作由抢占位置、起跳动作、抢球动作和得球后动作组成。

一、抢篮板球的动作要领和易犯错误

(一)抢占位置

1. 动作要领

抢占有利位置是抢篮板球技术的关键,它对能否抢到篮板球起着至关重要的作用。无论进攻队员还是防守队员,都应该抢占有利的位置,力争把对手挡在身后。抢占位置时,应该根据对手和投篮队员所处的位置,正确判断篮板球的反弹方

向、距离，运用快速的脚步动作，配合身体动作抢占有利位置。

2. 易犯错误

抢占位置前，没有正确判断篮板球的大概位置；没有把对手挡在身后。

(二)起跳动作

1. 动作要领

起跳前，两腿微屈，重心降低，上体微前屈，两臂屈肘举于体侧，重心置于两脚之间，观察和判断球的反弹方向，及时起跳。起跳时，两脚用力蹬地，几乎同时两臂上摆，手臂向上伸，腰腹协调用力，充分伸展身体，并控制身体平衡。

2. 易犯错误

起跳前重心太高，起跳不迅速；起跳时，双脚用力不均匀，造成起跳后身体失去平衡；起跳后，两臂上摆不迅速。

(三)抢球动作

抢球动作分为：双手抢球、单手抢球和点拨球。

1. 双手抢球

(1)动作要领：跳到空中时，身体充分伸展；两臂用力伸向球的方向；指端触球的一刹那，双手用力握球，腰腹用力，迅速屈臂将球拉至胸腹位置，同时双肘外展，保护好球；高大队员可以将球举到头上来保护好球。

(2)易犯错误：抢球时，双手握球不稳；抢到球后，没有及时将球拉至胸腹位置，没有保护好球。

(3)运用：高个队员一般用双手抢球，也有矮个队员用双手抢球；双手抢球握球牢稳，有利于身体平衡，便于衔接其他进攻动作，但控制点低。

2. 单手抢球

(1)动作要领：起跳后，身体在空中充分伸展，达到最高点时，用靠近球的手臂尽力向球伸展，指端触球迅速屈指、屈腕、屈肘收臂，将球下拉，另一只手要尽早扶握、护球于胸腹位置。

(2)易犯错误:起跳后,身体在空中没有充分伸展;手臂伸向球时不迅速、不充分;单手抢到球后,另一只手没有及时扶握;单手触球一瞬间屈肘不迅速;抢到球后没有保护好球。

(3)运用:当队员处在对手背后或侧面的不利位置时,用单手抢球。单手抢球的触球点高,控制的空间范围大,但握球不如双手牢稳。

(四)得球后动作

当进攻队员抢到篮板球后,首先补篮或继续投篮。如果没有机会,应该迅速将球传给同伴,重新组织进攻。防守队员抢到篮板球时,最好能在空中将球传给同伴,创造快速进攻的有利条件。如果在空中不能传球,落地后应该迅速传出或运球突破后及时传给同伴。

动作要领:空中抢到球落地时,两脚分开,前脚掌先着地,两膝稍屈,保持身体平衡;如果对手在身体后面,应该把球置于胸腹之前,两肘自然外展护球;如果遇到对方防守时,应该把球放在对方防守的远侧,运用肩背或转身保护球,防止对手将球打落或抢走。高大队员可以将球置于头上来保护球。

二、抢篮板球技术的运用

(一)抢进攻篮板球

1. 篮下进攻队员抢篮板球

当同伴投篮时,靠近球篮的进攻队员要及时判断球的反弹方向,运用假动作、快速的脚步动作摆脱防守队员堵挡,及时移向球的反弹方向,迅速起跳到最高点进行补篮、投篮或抢篮板球。

2. 外围进攻队员抢篮板球

外围队员离篮较远,同伴投篮时要有积极的冲抢意识,时刻准备冲抢,趁防守不备,突然启动冲向球的反弹方向抢篮板球或补篮。

3. 抢进攻篮板球的配合

考虑到攻守平衡,一般靠近篮下的三名队员主要争抢进攻篮板球。当同伴投篮时,积极抢占限制区两侧和罚球线前的区域,形成三角形抢篮板球的阵势。组织抢篮板球的配合时,一般要做到左投右抢、右投左抢、外投里抢、里投外抢、自投跟进冲抢。

(二)抢防守篮板球

1. 篮下队员抢篮板球

当进攻队员投篮时,篮下防守队员要根据进攻队员的行动选择不同的挡人方法。因距离篮较近,攻守距离也近,一般多采用后转身挡人。挡人抢位动作应是低重心,两肘外展,抢占空间面积,保持最有力的起跳姿势。挡人主要是为了延误对手抢位起跳,所以转身挡人动作完成后,应迅速起跳抢篮板球。也可以适时合理地运用直接冲抢篮板球的方法,抢到球后,力争在空中传球或将球点拨给同伴发动快攻。如果没有空中传球机会,落地同时应迅速观察场上情况,及时传球或突破,充分发挥篮板球的攻击作用,不能只是消极地保护球。

2. 外围队员抢篮板球

当对方投篮时,外围队员的第一个任务就是要用前、后转身,左、右滑步堵挡对手冲抢篮板球,然后及时判断球的反弹方向,去抢夺篮板球。同样可以适时合理地运用直接冲抢篮板球的方法。

3. 抢防守篮板球的配合与战术组织

有组织、有计划地部署抢防守篮板球,能更有利地发挥集体合作的力量。

(1)区域抢位挡人法:这种方法是部署 3 名防守队员抢占限制区域两侧和罚球线前三个区域,形成三角形抢篮板球的有利位置。

(2)人盯人抢位挡人法:防守方无需像进攻方一样考虑攻守平衡,5 名防守队员尽可能“彻底”挡住各自的对手,切断所有对手向篮下冲抢篮板球的路线,然后拾篮板球。

(3)向固定接应点点拨球法:利用向固定接应点点拨球的接应队员的方法争抢篮板球。在提高制高点的同时,还可以充分发挥篮板球的攻击力,提高快攻的速度和突然性。

在比赛中,抢篮板球不仅是个人的技术动作,而且是攻防战术的重要组成部分。因此,不但要发挥个人抢篮板球的能力,而且要发挥集体的力量,有组织、有配合地争抢篮板球。

三、抢篮板球教学与训练

(一)教学与训练的一般规律

(1)首先应使学生明确抢篮板球在比赛中的重要性,在教学训练中培养积极拼抢的意识和顽强的精神,以及养成“有投必抢”的习惯。

(2)抢篮板球是一项比较复杂的技术,初学时,可采用分解教学训练法,先练习原地起跳、抢球,再练习移动、抢位、挡人、起跳抢篮板球的完整技术,并逐渐加大难度,最后在对抗的条件下练习,或在比赛中进行抢篮板球练习。

(3)抢进攻篮板球应强化“冲抢”意识,抢防守篮板球侧重强化“挡抢”意识。注意加强攻守篮板球的对抗性训练。

(4)注意将抢进攻篮板球与补篮、投篮技术结合训练;将防守篮板球与快攻一传、突破、接应技术结合训练。

(5)加强抢篮板球技术与攻守战术的结合训练。

(6)注意加强身体素质训练,为在激烈对抗中争抢篮板球打好基础。

(二)常用练习方法

1. 抢占位置练习

(1)两人一组,相距 1 米,对面站立,进攻队员运用假动作设法摆脱防守,抢占有利位置。防守队员利用转身设法将攻方挡住,并起跳模仿抢篮板球的动作。练习一定次数后,攻守交换。

(2)两人一组,站在距离球篮 3 米处,一人进攻,一人防守。教师在罚球线投篮,开始时攻方可以消极移动,守方练习转身挡人抢篮板球。也可以让守方消极移动,练习攻方冲抢篮板球,然后逐渐加强对抗性。

(3)半场二对二、三对三的抢位练习。要求攻方只许传球、投篮,投篮后进攻队员积极摆脱对手,冲抢篮板球。抢到球继续进攻,守方则积极挡人抢篮板球。可规定守方抢到若干次篮板球后,交换攻守。

(4)半场二攻二守、左投右抢的练习。进攻队员站在球篮两侧45°角处,距离球篮5~6米。左侧投篮,右侧进攻队员积极冲抢篮板球。当右侧进攻队员抢到篮板球,将球拿到右侧6米处进行投篮,此时左侧进攻队员冲抢篮板球。防守队员抢到篮板球,迅速传给靠弧顶的教师。防守队员抢到若干次篮板球,攻守进行交换。

(5)半场五对五抢篮板球结合发动快攻第一传练习。守方明确接应第一传的队员和地区,当防守队员抢到篮板球后力争在空中转体将球传给接应第一传的队员。如果空中不能传球,落地后马上传出。

2. 起跳和空中抢球练习

此练习强调抢篮板球的起跳准备姿势,踏跳、空中抢球及落地的动作要领。要求掌握好起跳时间,在空中保持好身体平衡,身体充分伸展,跳到最高点时用单、双手抢球,注意整个动作的协调性。

(1)原地连续双脚起跳,单手或双手触篮板或篮圈10~20次。

(2)前、后转身跨步连续起跳,单手或双手触篮板或空中标记10~20次。

(3)自抛自抢,跳到最高点时用单手或双手抢球15~30次。

(4)两人一组,一人向篮板或篮圈抛球,另一人开始面向持球人,然后转身跨步(上步)起跳用单手或双手抢球。数次后两人交换练习。

第七节　身体练习

一、篮球专项力量素质训练

(一)增加肌肉生理横断面的最大力量训练

为取得增加肌肉生理横断面发展最大力量的训练效果,必须科学地确定负荷强度(即负重量)、练习重复的次数与组数、练习的持续时间及组间的间歇时间。

1. 负荷强度

以负重量为指标,应采用本人最大极限负重量的60%~85%的强度进行重复练习,这可促使肌肉功能性肥大,增加肌肉的生理横断面。100%的极限负荷强度应慎用和少用。慎用的目的在于减轻运动员的心理负担和防止受伤,少用的目的在于动员更多的运动单位参与工作,提高肌纤维的同步化程度和运动员的心理适应能力。

2. 练习重复的次数与组数

每组4~8次,可做5~8组。最后几组和次数必须坚持完成,这样肌肉的能量供应才能得到充分改善,才能增大肌肉横断面。由于最后几组和次数的练习,参加工作的运动单位达到最多,与完成极限负荷时用力是相似的。

3. 练习的持续时间

每次练习动作的速度要稍许慢一些,并使动作做得流畅,不停滞。通常在4秒钟左右完成一次动作,这有利于工作的肌纤维变粗,肌肉横断面增大。

4. 组间的间歇时间

在上一组练习肌肉所产生的疲劳得到基本消除之后,再进行下一组练习为宜。间歇时间里,可做一些轻微活动和放松练习,以加快恢复。

(二)改善肌肉内协调能力的最大力量训练

1. 负荷强度

训练时用本人最大极限负重量的85%以上强度。这种强度刺激能加大中枢神经系统发放冲动的频率及增加强烈程度,动员更多的运动单位加入。

2. 练习的重复次数与组数

每组1~3次,可做5~8组。组数以完成既定强度的次数为准。

3. 练习持续时间

每次练习动作的速度要适当加快,带一点“冲劲”,通常在2秒钟左右完成一次动作。

4. 组间的间歇时间

一般在 3 分钟左右，或再长一些。如果是局部肌肉参与工作，间歇时间可短一些，反之则长一些。总之，要使负荷的肌肉得到恢复，再进行下一组练习。间歇时间里也可做一些轻微活动和放松练习。在训练中，应先做增加肌肉生理横断面的训练，有了一定的力量基础，再进行肌肉内协调能力的训练，这样可防止受伤。最大力量训练还可采用静力性等长练习和等动性练习。

静力性等长练习通常多采用大强度和极限强度。每次练习的持续时间为 5~6 秒钟，在训练课中全部静力性等长练习一般不超过 15 分钟。等动性练习要借助等动练习器，预先标定练习的速度和肌肉的张力。等动性练习是在动作速度基本不变的情况下，肌肉在练习的全过程中都能发挥出较大的力量，由于在各个关节角度上用力基本上是均等的，因此具有等张和等长练习的优点。练习的强度要大，每组练习 4~8 次，可做 5~8 组，组间的间歇也应充分。

二、篮球专项速度的训练

篮球运动员的反应速度主要有：简单的信号反应，如同伴获得球后，快速启动跑；简单的预测反应，如同伴长传球后，迅速启动，根据传球的速度、高度、距离判断接球落点，调整动作速度，有控制、有准备地衔接接球后的动作；复杂的选择反应，如根据防守对手的变化，不失时机地快速做出正确的判断选择，就像投篮时遇对手封盖，突然变化为传球；复杂的分化反应，这种反应是指运动员根据自己的经验，对动作的时空特征进行判断，做出相应的动作（如进攻运动员向左做假动作通常会向右方切入，防守队员不受欺骗，直接堵截右面，迫使队员进攻受阻，达到防守目的）。篮球运动员反应速度的训练，主要通过与专项技术动作结构一致的速度练习，增加信息量，训练运动员感知的能力。根据运动员的不同技术动作特点进行判断，并迅速发挥运动过程中的动作速度。因此，篮球运动员的反应启动速度的训练方法主要有如下几种。

（1）熟练各种专项动作，增加运动技术动作的信息量，从而提高人体的积极感知能力，缩短反应时的潜伏期。

（2）缩短运动各环节，尤其是关键环节的反应时间。主要通过各种专项技术动作结构的强化训练，提高反应速度。在篮球专项训练手段中，广泛采用追逐球、启动跑、抢篮板球后第一传启动跑、运球启动、各种防守步法和变向启动等。

（3）提高运动员对时空动作相互影响的预测能力，如通过大量的比赛和各种技术动作细微特征训练，以及一般技术动作规律分析，使运动员对各种动作的结果能有比较强的预见性，从而主动地预先做出判断，弥补被动判断反应的不及时。

三、篮球专项耐力素质的训练

（一）持续负荷法

这种训练的基础是保持最大吸氧量水平，提高人体有氧代谢水平，心率控制在每分钟150次左右。方法是常常采用匀速跑、变速跑和超越跑。如长时间安排快攻、防守步法、趣味性活动，又如折线跑、“8”字围绕、连续跑动28米折返、连续碰板100~200次。

（二）间歇负荷法

这种训练的基础是有氧和无氧的混合代谢。负荷采用50%左右的有氧和50%左右的无氧进行（速度约为5米/秒以上），心率上限为28次左右/10秒，间歇时间是在没有完全恢复（18次左右/10秒）的情况下再进行下一次练习的刺激。如400米跑、100米快速跑、100米放松跑，反复进行。又如采用各种连续跑动在40秒钟左右的练习，重复进行。如三人直线快攻，三个或四个往返为一组完成5~10组；两点移动快速投篮，投中10个为一组，完成5组；连续篮下一打一或者一打二进10个球。

四、篮球专项灵敏素质的训练

通过各种基本技术动作、战术配合的分解和完整组合的训练，提高运动员的各种感觉（球感、用力感、动作感、距离感、速度感等）。

五、篮球专项柔韧素质的训练

柔韧性练习主要是为了改善肌肉的伸展性和弹性,提高运动员的运动技术的动作幅度和动作灵活性,减少运动伤害事故的发生。常用的训练方法主要有被动性练习法、主动性练习法和混合性练习法。

(一)各种负重和不负重的悬垂练习

利用身体的重力做单杠、双杠、肋木上正反肩关节的悬垂练习;利用器械的重力悬垂,把重物放在直角压腿的膝关节下,使大腿后群肌肉被动拉长;轻负荷的提拉,下放时对脊柱后群肌有拉长作用。

(二)同伴协助或者助力,维持某种动作姿势

做“桥”的练习;一人靠墙站立或者平躺在地上,另一人用肩扛进行直角压腿。

第八节　篮球游戏

一、原地抛接球

(一)练习目的

提高手指控球能力及快速反应能力。

(二)练习方法

双手体前持球,垂直向上抛起(两脚并拢或前后开立),球在空中时,两手快速做体前、体后依次击掌。如图 3-58 所示,在球未落地前将球接住,看谁击掌次数最多。

图 3-58

(三)练习要求

向上抛球高度不限,但两脚不能移动。

二、抛球转体接球

(一)练习目的

图 3-59

提高兴奋性,培养观察判断能力。

(二)练习方法

抛球动作方法同上。向上抛球后,原地做前转身 360°~720°(也可做后转身),如图 3-59 所示,转身后用双手把球接住。

(三)练习要求

向左、右侧转体轮换进行,接不到球者,原地纵跳 2 次。

三、正踢腿交接球

(一)练习目的

图 3-60

熟悉球性,发展柔韧性。

(二)练习方法

原地正踢腿,同侧手持球将球绕腿下传至另一手,左、右腿交换进行,如图 3-60 所示。

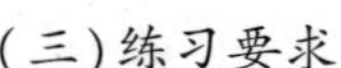

(三)练习要求

两腿交替向前踢起,在规定时间内次数多的为胜。

四、双手胯下反弹前后交接球

(一)练习目的

提高身体前后控制反弹球能力。

（二）练习方法

图 3-61

两脚平行开立屈膝下蹲，双手持球于两大腿前，双手使球向下击地到两脚中垂线上，双手撤于身后接球，再从身后将球向下击地反弹到体前，双手收回体前接球，如图 3-61 所示。

（三）练习要求

（1）胯下前后运球时，双目向前看，球向下击地至两脚中垂线上。

（2）失败者原地单脚跳 2 次，再随队进行练习。

五、绕环颈、腰、腿间交接球

（一）练习目的

熟悉球性，增强球感。

（二）练习方法

图 3-62

两脚并拢，用右手持球，在头部周围绕一圈后，右手将球转到腰右侧，把球交给右手绕腰一圈，继续绕两腿一圈后，然后按腰、头的顺序逆向绕球，如图 3-62 所示。

（三）练习要求

（1）交接球动作要快，手心相对，不得用手托球。

（2）目标是在 30 秒内转 45 次以上，失败者继续练习。

六、胯下"8"字形交接球

(一)练习目的

熟悉球性,提高在腿间控制球的能力。

(二)练习方法

两脚平行或前后开立、屈膝下蹲,双手持球,放到两腿间,做两腿间的"8"字形围绕,如图3-63所示,反复进行。也可做反方向(从后往前)的绕球动作。

图3-63

(三)练习要求

(1)两脚平行或前后开立稍大于肩,下蹲,头部抬起。失败1次罚做2个俯卧撑。

(2)目标是在30秒内做50次以上。失败者接着练习,不准停球。

七、行进间胯下"8"字形交接球

(一)练习目的

提高四肢协调配合能力。

(二)练习方法

两脚左右开立,略宽于肩,持球于膝前,如图3-64所示。练习时向前迈出右腿,同时左手持球在两腿中间将球交右手,左脚继续向前行进,右手持球绕经右腿外侧再将球在两腿间交左手。依次前进做胯下"8"字形交接球。

图3-64

(三)练习要求

做此游戏必须在跑动中进行。若掉球失败,

拾球后继续练习。

八、启动追拍

（一）练习目的

改善灵敏性及提高快速启动能力。

（二）场地器材

篮球场、球篮、篮球。

（三）练习方法

队员分成甲、乙两队，双方在中线面对站立，相距 2 米。学生根据手势信号做启动追拍。如举左手，则甲追乙；如举右手，则乙追甲。在追至端线前拍击对方为胜，否则以败论处，如图 3-65 所示。

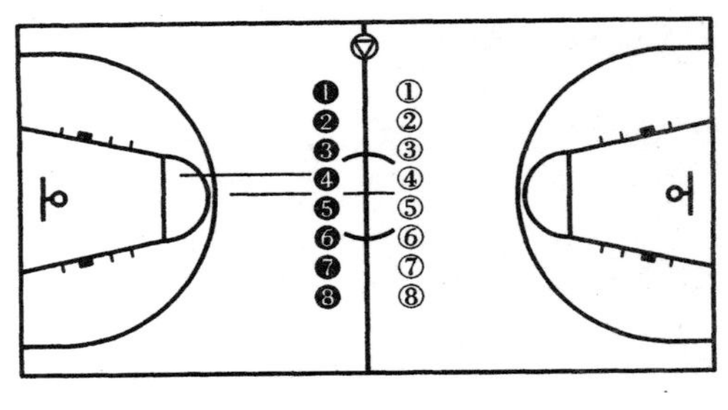

图 3-65

（四）练习要求

看信号启动，追拍路线为直线，以跑出端线为胜，场内被拍击者为失败。

九、钻“地道”

（一）练习目的

练习曲线变向跑技术，提高灵敏、速度素质。

(二)场地器材

篮球场1个,篮球2个。

(三)练习方法

游戏开始时,每组的排尾手持一球,用快速的变向动作,绕过每一空隙到排头,然后用地滚传球的方法传给下一个队员,随后做两臂侧平举动作与邻近队员手拉手,如此每人做一遍直至横队还原,先完成组为胜,如图3-66所示。

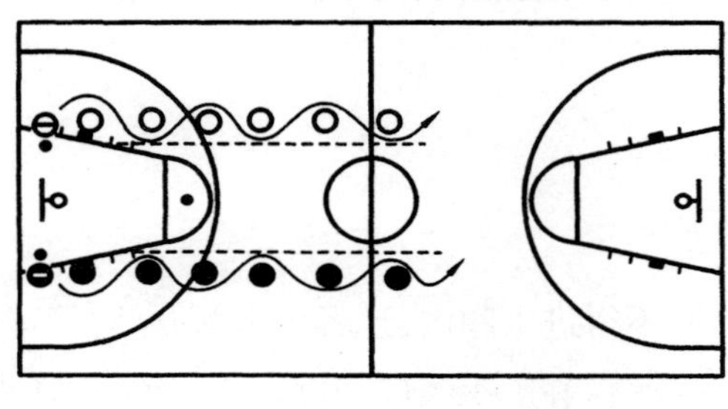

图3-66

(四)练习要求

两臂必须侧平举,不能以高举而缩短间隔距离。另外每人必须按规定通过每一空隙,违者重做。

十、绕弧线跑接力

(一)练习目的

提高侧身绕弧线跑的能力。

(二)场地器材

篮球场1个,篮球2个。

(三)练习方法

将全队分成两队,每队又分为甲、乙两组,站在球场两端,如图3-67所示。开始时各队的甲组第一人手持 1 个篮球，听到信号后快速沿球场中三个圆圈的半弧侧身跑至对面将篮球交与同队乙组的第一人，乙组第一人照此进行再将篮球交与对面同队甲组第二人，直至每人都做完一遍为止。先做完的一队为胜者。

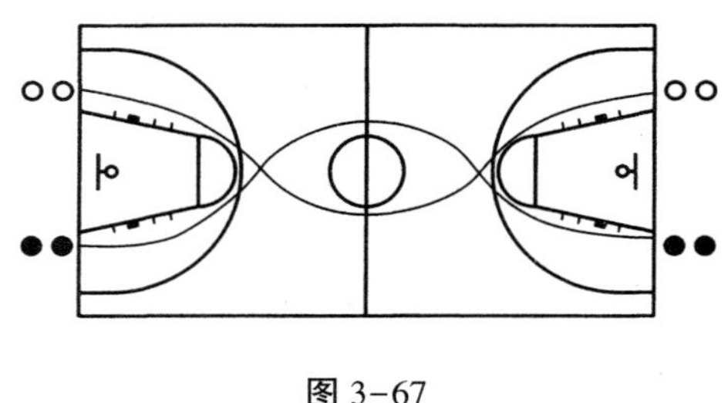

图 3-67

(四)练习要求

只能在圆弧线外跑，不得进入圈内，违者应重新开始；篮球落地后，队员应拾起篮球后才能继续跑。要严格执行规则。当最后一人跑完时应将篮球举起高呼“到”。

十一、圆圈接力跑

(一)练习目的

增强沿弧线跑的能力。

(二)场地器材

篮球场 1 个，篮球 3 个。

(三)练习方法

将队员分成 3 个组，各成纵队列于球场的边线外面圆圈。各组第一人手持篮球，当发出游戏开始的信号后，快速前跑绕圆圈一周，返回起点并将球交给同队的下一人，下一人接球后照样做，这样继续进行直到最后一人做完为止，先回到起点的一组为胜，如图 3-68 所示。

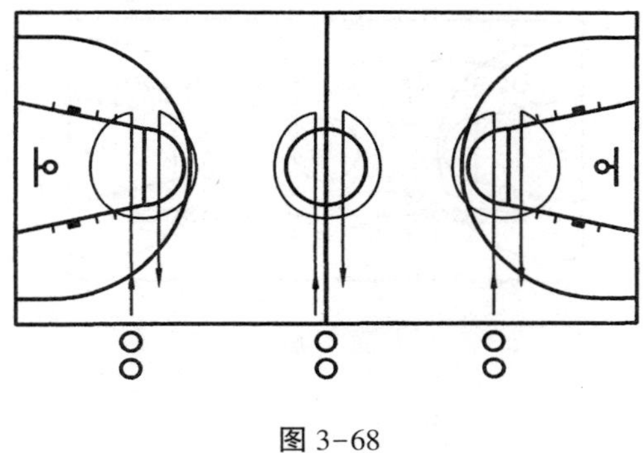

图 3-68

(四)练习要求

如因递交球不稳而使球落地时,应由递球人将球拾起重新递交,并不得抛掷。跑时不得踩触圈线。

十二、迎面传、接球比赛

(一)练习目的

提高快速传、接球能力。

(二)场地器材

篮球场 1 个,篮球 2 个。

(三)练习方法

如图 3-69 所示,在球场上画两条相距 4~5 米的平行线,把队员分为人数相等的两队,两队又各分为甲、乙两组,各成纵队相对站于两条平行线后,两队甲组排头各手持一个篮球。游戏开始,两队甲组第一人(甲 1)用原地传球方法把球传给迎面跑来的本队乙组第一人(乙 1),然后迅速跑到本队乙组排尾站队;乙 1 跑动中接球后又迅速把球传给向自己迎面跑来的本队甲 2,然后跑到本队甲组排尾站队;如此依次进行,直到全队完成规定次数练习,先完成的队为胜。

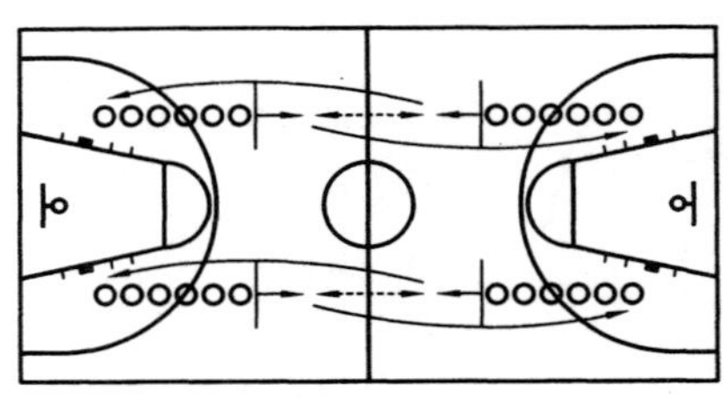

图 3-69

(四) 练习要求

(1) 游戏开始时各队甲组第一人不得踏、越线作原地传球；其余各人的传、接球均必须在跑动中完成，否则作失误处理；

(2) 如果传、接球失误，必须在失误处重新开始，前面次数取消；

(3) 接球人的跑动必须在线后启动，否则返回线后重新启动。

(五) 建议

(1) 可限定或不限定传球方式，以提高或降低游戏难度；

(2) 可用传球后跑回本组的方法进行游戏；

(3) 可根据实际情况，适当调整传接球距离、所分的组数等。

十三、运——传球接力

(一) 练习目的

提高传、接球与其他技术结合运用的能力。

(二) 场地器材

篮球场 1 个，篮球 4 个。

(三) 练习方法

如图 3-70 所示，把队员分为人数相等的 4 个队，分别成纵队面向中圈站立于球场的 4 个场角，各队排头队员手持 1 个球。游戏开始，各队排头同时起动向中圈运球，运至中圈后，立即转身用规定的传球动作把球原地传给本队第二人，然后返回本队队尾，第二人在原地接球后以同样方法运至中圈再把球传给本队第三人，如此连续下去，直至全队每人做完一次，以速度最快的队为胜。

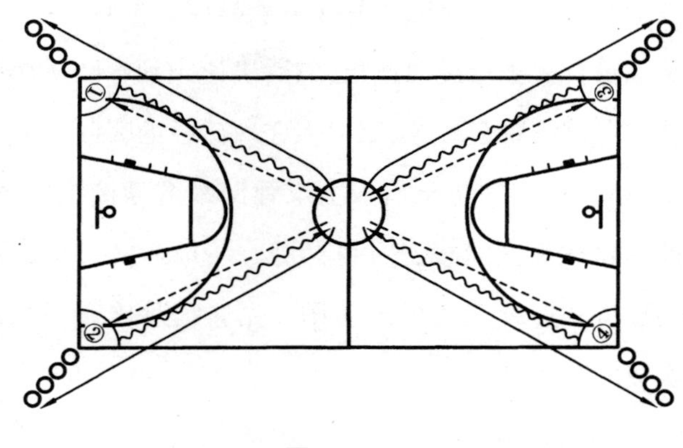

图 3-70

（四）练习要求

（1）传球人必须运球至双脚进入中圈才能把球传回本队下一人，且必须是原地传球，否则为传球失误。

（2）接球人必须站在以场角为圆心，以 50 厘米为半径所画的半弧内接球，离开该半弧即为失误。

（3）传、接球失误即判该次传、接球无效，由失误的两人在最后重做一次。

（五）建议

可指定以下传球方式为规定传球方式：

（1）原地双手胸前传球；

（2）原地单手肩上传球；

（3）原地双手头上传球；

（4）原地反弹传球。

十四、连续跳传跟进

（一）练习目的

提高跳起空中传、接球和补篮的能力。

（二）场地器材

半个篮球场，2 个篮球。

（三）练习方法

如图 3-71 所示，把队员分成两组，面向篮板成两路纵队站在篮筐下的两侧，距球篮约 3~4 米,排头各手持一个篮球。游戏开始,排头队员首先把球抛向篮板,然后迅速跑到本队队尾排队准备继续跳起接球;第二人在球碰板的瞬间立即上步起跳,在空中将从篮板上反弹回来的球接住,并把此球再次碰向篮板,然后排到队尾;以后队员依次用同样方法连续完成规定动作。先连续跳传完毕规定次数的队为胜。

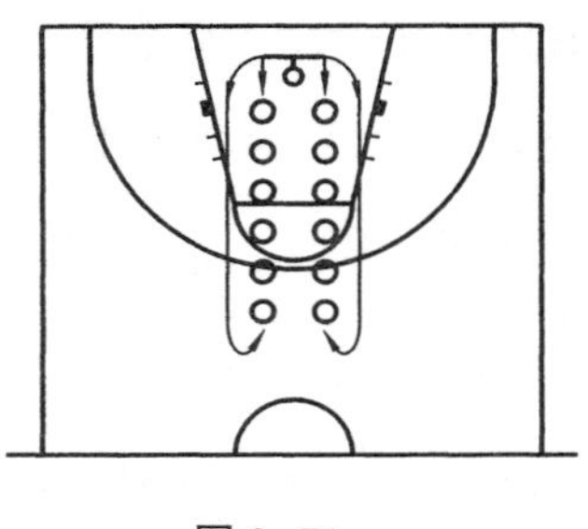

图 3-71

(四)练习要求

(1)两组之间以篮筐为界,不得相互干扰。

(2)球落地或接球人落地后再把球抛向篮板为失败,传球次数重新再计算。

(五)建议

(1)根据不同的技术水平可对空中传、接球提出不同要求,如空中单手接、传球,空中点拨球等。

(2)根据队员情况提出恰当的连续跳传次数指标,如 50 次、100 次等。

(3)可把跑动距离加至全场,即传球人完成空中传球后跑至障碍物前绕过障碍物,再返回本队尾继续跳起接球碰板,如此反复进行,如图 3-72 所示。

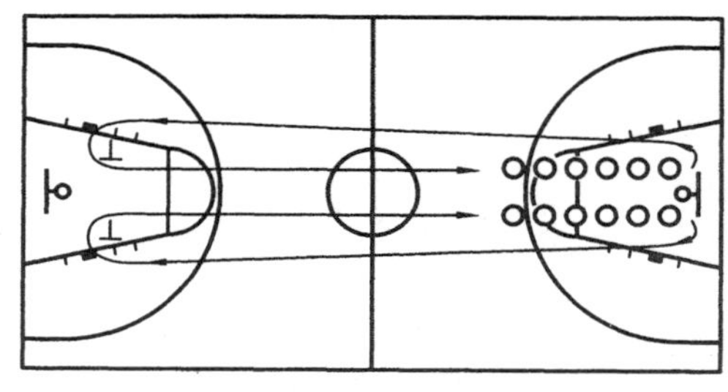

图 3-72

十五、连续接球急停跳投

(一)练习目的

改进传、接球技术,提高接球急停跳投的命中率。

(二)场地器材

篮球场1个,每人1个篮球,标志物2个。

(三)练习方法

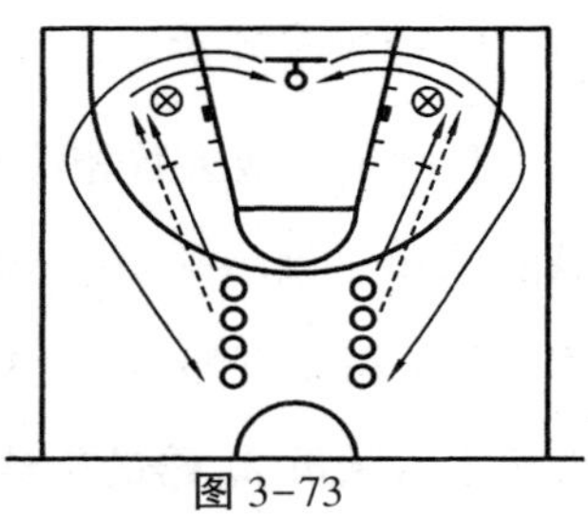

图3-73

如图3-73所示,在半场的三分线内与端线相距约2米处放一标志物,把队员分为人数相等的甲、乙两队,各成纵队面向球篮站立于同一半场的三分线外的左、右两侧。排头第一人不持球,其余的队员每人持一球。游戏开始,各队排头向标志物的方向做侧身跑,跑至标志物外接同伴(即下一人)传来的球做急停接球跳投,无论投中与否均去抢篮板球回本队队尾。如此连续不断进行,直至规定时间,命中次数多的队为胜,或先完成规定的命中次数的队胜。

(四)练习要求

(1)必须依次进行传球投篮,否则投中无效。

(2)必须在标志物外做跳投,在标志物内投中无效。

(3)传、接球失误,由失误者把球捡回再排到队尾,不得原地再投,否则投中无效。

(五)建议

(1)可采取三盘两胜制进行比赛,每局完后,双方互换场地。

(2)可在两个半场内同时进行比赛。

十六、摆脱切入跑篮

（一）练习目的

提高摆脱切入上篮技术。

（二）场地器材

篮球场 1 个，篮球 2 个。

（三）练习方法

将队员分成人数相等的两队，每队再分为两组，分别在中线的两边面向篮筐成纵队排好，两组中右边一组的排头手持一球。每队所在半场的罚球线上各放一个障碍物。游戏开始，如图 3-74 所示，①、❶分别做摆脱从罚球线上的障碍物左侧切入接本队队员②、❷的传球上篮，然后跑到本队左侧组的队尾；②、❷传完后迅速跑去抢投篮后的篮板球，并立即传给本队右侧队员，然后跑到本队右侧组的队尾。如①、❶未投中，②、❷必须为其补篮命中后再传③、❸。剩下队员均照此法依次进行，先命中 30 个球为胜。

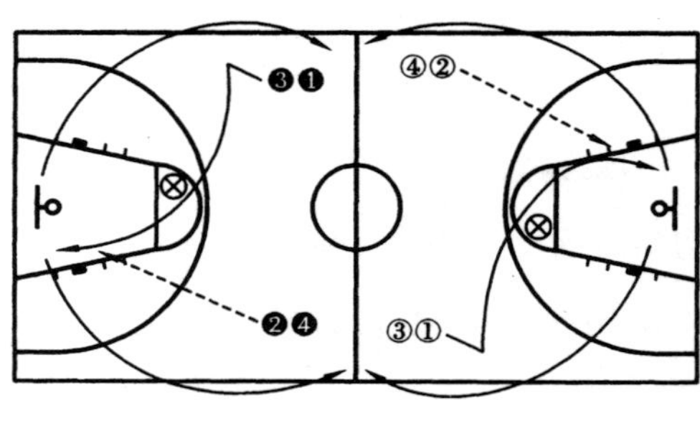

图 3-74

（四）练习要求

每个队员都必须在中场场角开始跑动去接球上篮，否则投中无效。

十七、追赶运球者

(一)练习目的

提高攻击能力,扩大进攻视野。

(二)场地器材

篮球场1个,篮球1个。

(三)练习方法

两人一组,一人进攻,一人防守,教师站在中圈处,如图3-75所示。练习开始后,进攻人运球,防守人要积极堵截。在运球过程中,教师举起一只手要球,运球人要及时把球传给教师,然后摆脱防守人向篮下切入,接回传球上篮,防守队员进行追赶。前一组投篮后,下一组开始练习。

(1)运球丢失,拾起后在丢失处继续运球。

(2)运球走步、运投不中和被防守抢断者为失败。

(3)防守队员有推、拉等犯规动作为失败。

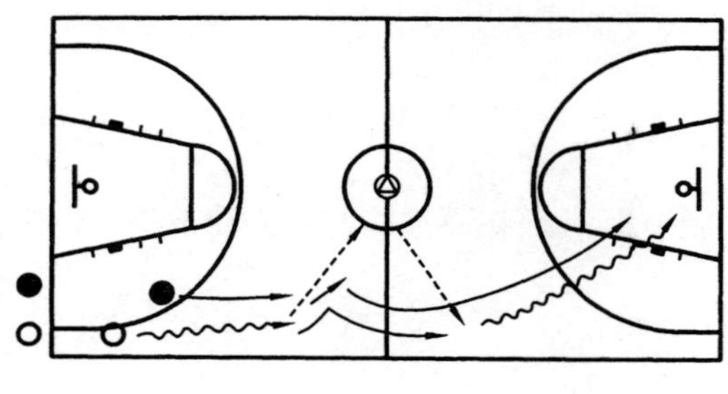

图3-75

十八、火车赛跑

(一)练习目的

提高腿部力量和动作的协调性。

(二)场地器材

篮球场1个。

(三)练习方法

将队员分成人数相等的两队,各成纵队站在起点线后,每个队员都把自己的右(左)脚伸给前面的人。左(右)手用手掌兜住后面队员伸来的脚,右(左)手搭在前面的人的肩上。排头不伸脚,排尾兜脚,组成一列"火车",如图3-76所示。听到出发口令,全队按照一个节拍向前跳动,排头可以走步。以"车尾"先通过前场端线的一组为胜。

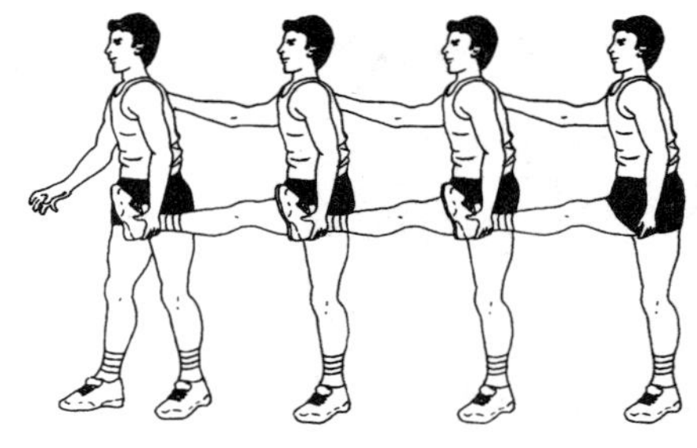

图3-76

(四)练习要求

如遇"翻车"或"脱节",必须在原地接好后方能前进。"列车"完整通过终点才能计成绩。

(五)建议

此游戏应根据队员不同条件来确定跳跃的距离。

十九、负重跑

(一)练习目的

增强下肢及躯干力量。

（二）场地器材

篮球场 1 个。

（三）练习方法

图 3-77

将队员分成人数相等的两队，成两列横队站立。教师发出“预备”口令后，后排的人骑在身体弯曲的前排同伴的腰上，两手扶其头，被骑者不得用手接触对方任何部位，如图 3-77 所示。教师发出跑的口令，前排立即将同伴背到对面的横线上再放下，翻身骑到同伴的腰上，被骑者迅速跑回出发点。

（四）练习要求

按规则最先将同伴背回出发点者为胜。骑者手触同伴头部以外部位，被骑者手触骑者任何部位均犯规。如骑者 中途掉下，要回到掉下来的地方重新骑上。

（五）建议

游戏前要做充分的准备活动，以免受伤。

二十、运球接力

（一）练习目的

增强手臂和腿部力量，提高身体的协调性。

（二）场地器材

篮球场 1 个，篮球 2 个，在球场的中线两边各画一个直径约 1 米的圆。

（三）练习方法

如图 3-78 所示，将队员分成人数相等的两队，在篮球场同一端线后成纵队面对球场站立。各队第一人手持一个篮球，教师发出口令后各排头运球至中线圆圈处，把球放在圈内，快速双脚蛙跳到前场限制区内，做 3 次俯卧撑，然后再跑回中线处拿起球，运球回队，把球递给第二个人，自己则站在排尾，第二人接球后按同样方

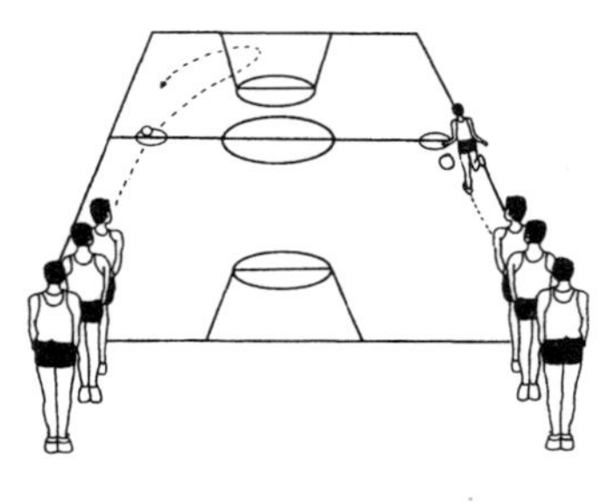

图 3-78

法进行游戏，以此类推，以速度快的队为胜。

(1)在中线圆圈放球时，球必须放稳，如球滚出圆外，还要重新放。

(2)必须做正确的俯卧撑，否则判犯规。

(3)接球时不能踩线。

二十一、推小车

(一)练习目的

增强上肢力量和提高耐力，提高身体的协调性，培养团结友爱的精神。

(二)场地器材

篮球场 1 个。

(三)练习方法

把队员分成人数相等并为偶数的甲、乙两队，各队"1、2"报数，两人一组分前后站在端线后。各队第一组数 1 者两手撑地，数 2 者将数 1 者两腿抬起扶住于身体两侧，如图 3-79 所示。教师发口令后，数 1 者双手交替支撑前进，数 2 者在后面将数 1 者推到中线，两人交换。数 1 者再以同样方法把数 2 者从中线推到端线。然后站本队排尾，先到者得 1 分。各队第二组的游戏者听到教师口令后再照此方法进行游戏，以此类推。游戏停止，以各队积分多少决定胜负。

图 3-79

(四)练习要求

支撑前进的游戏者，两手必须超过中线后，才能与对方交换。

二十二、移动传接球

（一）练习目的

提高动作移动速度和传球速度

（二）场地器材

篮球场1个，画若干个与罚球圈大小一样的圆圈。

（三）练习方法

如图3-80所示，游戏者分别站在圆圈内，辅助传球队员A、B原地站在罚球线延长线与两边线交点上，游戏者站在罚球圈内靠近A的一侧，先传球给A队员，再接A的回传球（用向B侧跳步移动接球），并立即将球传向B，接下来再跳步接B来球传向A，如此来回传、接球，直至1分钟时间到。计1分钟内的传、接球次数，多者为胜。

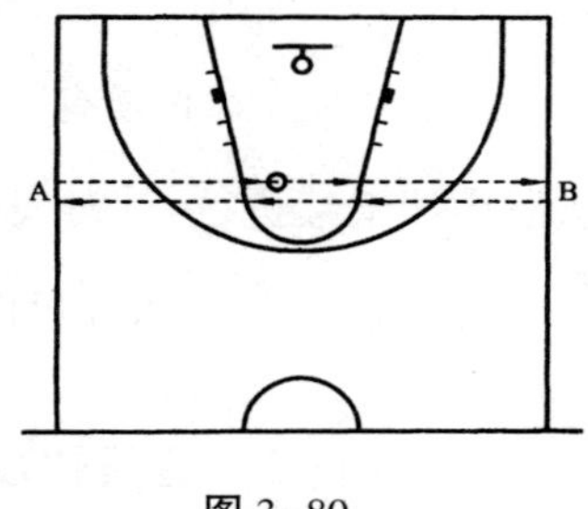

图3-80

（四）练习要求

（1）辅助队员站在边线外，不得进入边线内传、接球。

（2）圈内队员不能背向球篮传、接球。

（3）传、接球过程中不能发生走步违例。凡违反规则，要减掉该次传球。

二十三、90秒罚球

（一）练习目的

提高动作移动速度和投篮准确性。

（二）场地器材

篮球场1个，篮球4个。

（三）练习方法

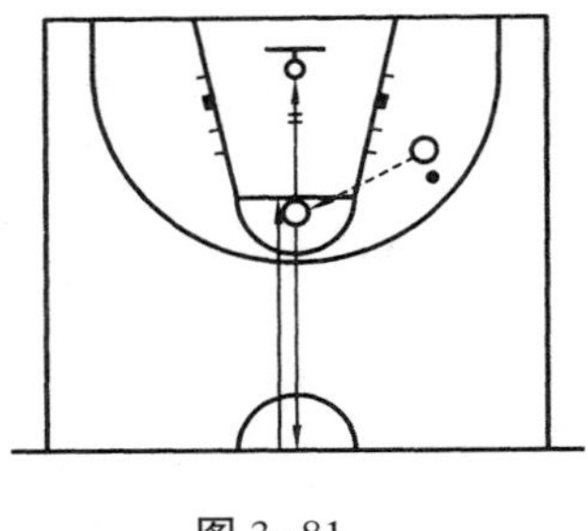

图 3-81

如图 3-81 所示，队员分两组面向球篮站在罚球线后（一脚紧靠罚球线），听到开始的信号立即跑向中线，一脚踩中线后，立即返回罚球线后接同伴的传球连续罚球 2 次，罚完后再跑至中线踩线后再回到罚球线罚球 2 次，如此进行下去直至 90 秒时间到，计罚中次数，多者为胜。

（四）练习要求

（1）比赛时用 2 个球，由两个同队队员协助传球。

（2）往返跑时必须有一只脚踩到中线方能返回，否则判违例，听到教师鸣哨再去踩中线继续进行，计时表不停。

（3）罚球时，脚踩线投中无效，但罚球 1 次。

二十四、三人直线快攻

（一）练习目的

提高有氧和无氧代谢能力。

（二）场地器材

篮球场 1 个，秒表 1 块。

（三）练习方法

将队员分成若干组，三人一组，站于端线外，听到教师发出信号后，进行三人直线快攻，投篮不中，必须补进。进行 3 个或 4 个往返为 1 组，完成 3～10 组，每组休息 30 秒，计算净时间（不包括休息时间），每组用时少者为胜。

（四）练习要求

三人行进间传、接球，中路队员必须传左侧一次、右侧一次，交替进行。

二十五、连续篮下一对一

（一）练习目的

提高有氧和无氧代谢能力。

（二）场地器材

篮球场 1 个，篮球 2 个。

（三）练习方法

队员两人一组，分别在两侧篮进行一对一攻防练习，进攻队员打进 10 个球，然后和防守队员进行攻防交换。

（四）练习要求

防守队员不准有推、拉、打等犯规动作。如有犯规动作，算进攻队员打成 1 次。

二十六、连续碰板

（一）练习目的

提高人体有氧代谢水平。

（二）场地器材

篮球场 1 个，篮球 2 个。

（三）练习方法

把队员分成 3～10 人为一组的两队，分别成纵队站立于篮板下左、右侧，两队排头各持一球。游戏开始，两队排头队员把球掷向篮板，随即原地跳起在空中接球并把球再次投向篮板，其后一人跳起空中接着从篮板上反弹出来的球，把球投向篮板，然后其他人重复同样动作，每个人掷完后回到本队队尾。先完成 200 次的队为胜。

（四）练习要求

（1）必须跳起在空中托球碰板才有效，否则取消已累加的次数，重新计算该队跳起托球碰板次数。

(2)不能落地,否则取消已累加的次数,重新计算该队跳起托球碰板次数。

(五)建议

(1)可把两队分列于两篮板下同时进行。碰板次数可为100~200次。

(2)为提高游戏强度,可在球场另一端设一标志物,凡投完球者必须跑步绕过标志物后才能回到该队队尾。

二十七、钻跳赛

(一)练习目的

提高灵敏性和弹跳力。

(二)场地器材

篮球场1个。

(三)练习方法

图3-82

如图3-82所示,把队员分成人数相等的两路纵队,站在端线外,各队第一人进入场内两腿分立,弓背弯腰,双手扶膝站稳;第二人以双手按第一人背做分腿腾跃后,前跨一步,做与第一人相同的姿势;第三人从第一人背上作分腿腾跃后,再从第二人腿下钻过,并前跨一步与第一人、第二人做同样的姿势。第四人、第五人……同样做跳跃、钻过动作连续进行,先完成者为胜。

(四)练习要求

(1)以教师鸣笛开始,不能先行启动。

(2)障碍之间距离不得大于2米以上。

(3)必须依次序先后跳、钻,不得绕过。

(五)建议

游戏前后先做几次分腾跃练习。

二十八、闯三关

(一)练习目的

培养灵敏、果断及目测力。

(二)场地器材

长绳3根,篮球场1个。

(三)练习方法

2人一组成二路纵队站立,选出3对摇绳者,保持一定的间隔,按同一节奏摇绳。教师发出“开始”的信号后,2人拉手跑过3根摇动的长绳,顺利通过三关者为优胜,碰绳者应与摇绳者互换,如图3-83所示。

图3-83

(四)练习要求

(1)摇绳人不得任意加快或减慢摇绳的速度。

(2)必须按照规定的间隙“闯关”。

二十九、占有地盘

(一)练习目的

培养灵敏性。

(二)场地器材

篮球 20 个。

(三)练习方法

在场地上画若干个直径为 1 米的圆圈。如图 3-84 所示,2 人一组,圆圈中央站着的一个人是“守”方,圈外 5 米处也站着一个人,手中持球,待信号一发,立刻持球跑向圆圈,企图将球放在圈中央,时限 1 分钟。守方在圈内尽量阻止对方进来,可用推、挤、撞的方法或其他方式击退对方。如果对方将球放在圈中央,就算胜。

图 3-84

(四)练习要求

(1)按教师指定的方式来阻挡对方。

(2)按教师要求的方式持球进攻。

(五)建议

(1)充分做好准备活动,注意安全。

(2)如果球不够,可以用其他球代替。

(3)也可采用分组对抗的形式进行。

三十、单足交替跳绳

(一)练习目的

培养灵敏性。

(二)场地器材

绳若干,篮球场1个。

(三)练习方法

队员手持跳绳站好(绳在身后),听到开始口令(同时开表)立即经头上向前摆动跳绳,并从前面通过脚下向后摆动,听到1分钟时间到的口令(同时停表)立即停止跳绳,计1分钟成功完成的次数。

(四)练习要求

凡跳绳受身体部位阻碍而不能顺利通过者,应继续进行,做失败的不计次数。

第四章　篮球中级班教学

第一节　传　球

一、点拨传球

(一)动作要领

以右手完成动作为例,呈基本站立姿势,当球在低点反弹至手时,借助球的反弹力量并利用手指弹拨力量改变球的方向,将球传给同伴。

(二)技术运用

常在运球或运球突破时使用,特点是隐蔽性强、快速,能收到意想不到的效果。

(三)易犯错误与纠正方法

常犯错误有两种:第一种是球反弹过膝才做动作,贻误了时机;第二种是用手臂力量来传球,影响传球质量。纠正方法是:多练习,领会屈腕、手指拨球的动作要领。

(四)练习方法

1. 低点触球

用足够的力量拍球(根据传球距离而定,距离短,力量小;距离远,力量大),当球刚反弹起来时手指触球后下半部(与传球方向相对而言)。

2. 正面近距离传球

当手指触球时,要求手掌正对出球方向,手腕后屈,借助球的反弹力量,用手指轻拨球的后下部，使球改变方向传给同伴，并且要求球的路线有一定的抛物线，利于同伴接到球。

3. 侧面、背后传球

手法与正面传球基本一致，只是出球方向不一样，方法都是手掌对着出球方向，屈腕，手指弹拨球。

二、背后传球

（一）动作要领

如图 4-1 所示，双手持球于胸前，侧对接球队员，传球时，左脚向前迈出一步，双手持球右摆。当球摆到身体右侧，左手离开球，右手引球继续沿髋关节向后绕圈。当前臂摆至背后时，右手腕向传球方向急促前屈，食指、中指用力拨球，将球传出。

图 4-1

（二）技术运用

多运用于快攻结束时或突破分球时，特点是隐蔽性强。

（三）易犯错误与纠正方法

常见的错误是传球不到位。纠正方法是在多练习基础上牢记技术特点，如摆臂、急速扣腕、手指用力拨球。

（四）练习方法

1. 上步后摆臂

原地持球,左脚向前迈步,双手持球绕臂部经右侧向后摆臂。

2. 原地持球练习传球准确性

此练习主要要求掌握出球方向及用力大小。

3. 快速运球中完成背后传球

从慢速过渡到快速,从无人防守过渡到有人防守。

三、长传球

(一)动作要领

用单手或双手借助腰、腿、臂的力量进行长距离的传球。

(二)技术运用

长传球主要用于快攻中的快速将球传至前场的同伴,形成无人防守或进攻方以多打少的局面。

(三)易犯错误与纠正方法

常见错误是传球不到位。纠正方法是加强力量方面的练习。

(四)练习方法

(1)运球中利用跑动的速度蹬地,双手持球做双手胸前长传球练习。

(2)原地持球做后仰头上双手长传球练习。

(3)原地或运球中做单手肩上长传球练习。

(4)原地持球做侧面头上单手长传球练习。

第二节　运　球

一、背后运球

(一)动作要领

当对手紧逼,无法用体前变向运球时可采用背后运球。以右手运球为例,变向时左脚往前,右手将球拉到右侧身后,上右脚同时将球从身后拍按至左脚外侧,然后换左手运球,从左侧运球突破,如图 4-2 所示。

图 4-2

(二)技术运用

当运球突破时,若右侧已被对手封死,而且两人之间距离很近时,不能运用体前变向突破时采用。

(三)易犯错误与纠正方法

练习中易犯两种错误:第一种是手脚配合不协调;第二种是变向时手腕没外翻,球落点偏后。纠正方法是右手触球上左脚,背后拍球上右脚。

(四)练习方法

(1)脚步练习。上左脚并右脚练习,球反弹至右手时左脚上步,身体重心前移,将球留在身体右侧后方,并步时身体重心下压,右手将球拍至左脚外侧。

(2)突破步伐练习。右脚并步时,左脚同时向前做一垫步,换左手运球突破。

(3)从原地运球练习过渡到行进中运球做背后运球练习,再过渡到结合突破步伐的练习。

二、运球转身

(一)动作要领

如图 4-3 所示,以右手运球为例,运球时以左脚为轴,做后转身,同时右手将球拉至身体左侧前方,然后换左手运球,右侧压肩抢位压制住对手,加速前进形成突破。

图 4-3

(二)技术运用

当对方逼近不能用直线运球或变向运球突破时,或被对手紧逼形成背向防守时,常采用此方法摆脱防守。

（三）易犯错误与纠正方法

1. 手、脚配合不协调

没触球先转身，球过不来。纠正方法是触球同时快速转身。

2. 手法不对

正确的方法是球反弹回到右手时右手全手掌触球的正上方，在球向上缓冲时手腕外翻，触球的外侧上方，此时右手指指向左侧，控制好球，避免球在转身时侧向移动。

3. 重心起伏大

运球转身时要保持低重心，不要上下起伏，尽量控制在一条水平线上。

（四）练习方法

1. 运球力度控制

运球转身要借助球的反弹力量，将向上的力转化成一种向侧的力，这样转身时才能克服球的重力作用，因此运球的力要够大，力太小就无法克服球的重力作用。

2. 协调性练习

触球同时快速后转身，转身时以左脚前脚掌为轴，保持重心快速后转身。

3. 手法练习

针对触球后形成翻腕违例和没有外翻手腕的错误，练习触球外翻至球外侧方，并将这一动作保持到后转身时结束。中途不许打开手腕，避免出现运飞球的错误。

三、胯下运球

（一）动作要领

如图 4-4 所示，以右手运球为例，变向时左脚在前，右手拍球右侧上方，将球从两腿之间运至身体左侧，左手控球后上右脚探肩形成左侧突破。

图 4-4

（二）技术运用

在对方迎面堵截时使用，也可以组合成胯下运球变向突破。

（三）易犯错误与纠正方法

1. 球反弹触及腿部

纠正方法是重心下压，形成弓步，身体与左脚保持垂直，右手控球到胯下再离手，控制好击地点，落点在两腿之间。

2. 左手触球后控制不住球

纠正方法是触球时左手掌与右手掌相对，在球刚反弹起来时触球，触球后手腕放松，引球至左腰侧并继续运球。

（四）练习方法

1. 击地点准确性练习

跨步姿势，原地运球做击地点准确性练习。要求练习时身体转正。球的落地角度保持 45°，落点在两腿之间。

2. 原地运球左脚上步成左弓步做胯下运球

要求右手触及反弹球时上左脚成左弓步，接着做胯下运球。

3. 胯下运球衔接左手运球突破

要求换手运球后右肩向左侧前下方探出，压制对手，左手运球从对手右侧突破。

第三节　投　篮

一、原地跳起单手肩上投篮

(一)动作要领

以右手投篮为例,两手持球于胸前,两脚前后(或左右)开立,两腿微屈,重心在两脚上,起跳时两腿迅速屈膝,脚掌用力蹬地向上跳起,双手举球随身体向上并形成单手肩上投篮动作,当身体接近最高点时球离左手,右臂向前上方伸直,手腕前屈,食指、中指拨球,通过指端将球投出,如图 4-5 所示。注意起跳要短促有力,保持身体平衡,落地时屈膝缓冲。

图 4-5

(二)技术运用

由于原地跳起单手肩上投篮具有突然性、出手点高、不易防守的优点,同时又具有可以与传接球、运球突破和其他技战术相结合的特点,在中距离投篮时运用较多。

(三)易犯错误与纠正方法

1. 出手动作慢,投篮时重心已下落

主要原因是伸臂速度慢于跳起速度,当身体接近最高点时手臂没有完全伸直,身体下降时手臂才伸直投篮。纠正办法是练习手脚同步,持球伸臂速度要与跳起速度一致,保证身体没下落前出手投篮。

2. 边起跳边向上推臂投篮,没有滞空瞄篮动作

主要原因是举球时没有举至头顶,直接从腹部向前举球,没有向上动作造成没有滞空瞄篮过程。纠正方法是练习起跳同时向上举球而不是向前举球,必须强调要有滞空瞄篮过程。

(四)练习方法

(1)徒手做原地跳起单手肩上投篮。要求跳得高,有滞空瞄篮过程。让队员体会跳起与举球的配合,形成动作定型。

(2)两人一组相隔 5 米面对面练习,要求动作规范,球要后旋并形成抛物线,落点要求在同伴头顶上方。

(3)投篮练习,要求从稍近距离过渡到中远距离。

(4)专项练习。练习腿部力量,跳起有一定高度;练习手臂、手腕力量,尽可能做到远距离能跳起投篮。

二、急停跳起投篮

急停跳起投篮是进攻队员在行进间运用突然急停不摆脱防守转而进行投篮。急停跳起投篮又分为接球急停跳起投篮和运球急停跳起投篮两种。

(一)动作要领

在行进间运球时,用跨步急停或跳步急停,急停同时做好起跳准备,停稳后突然向上跳起,两手持球迅速上举,当身体接近最高点时前臂迅速向前上方伸直投篮,如图 4-6 所示。

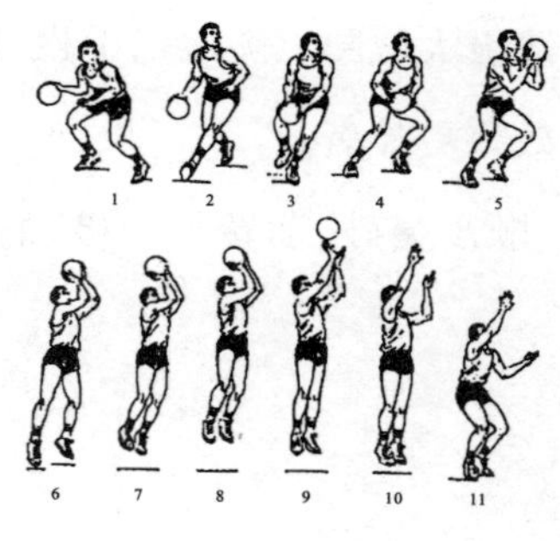

图 4-6

(二)技术运用

急停跳起投篮是快速运球中寻机投篮的最好办法。此外,接球时当对手距离较远,采取快速起跳投篮可以避免对手封盖,是比赛中常见的得分方法之一 。

(三)易犯错误与纠正方法

(1)衔接不好,起跳动作太慢。纠正方法是急停结束迅速开始起跳。

(2)急停时脚步落位不对,造成不利于起跳或跳起后没有正对篮圈。纠正方法是多练习落位,急停前要预先判断双脚位置是否利于起跳,身体是否能正对球篮。

(四)练习方法

(1)步伐练习。练习好跨步急停与跳步急停的正确方法。

(2)接球或运球中掌握急停正确方法。

(3)落位控制练习。根据防守队员位置选择好落位,要做到接球急停时距防守者一步距离,既要最靠近篮圈又要避开对手封盖。运球急停时先要加速,待对方快速退防时突然急停跳起投篮。

第四节　持球突破

持球突破是持球队员运用脚步动作和运球技术,快速超越对手的一项攻击性很强的技术。良好的突破技术能打乱对方的防守部署,创造更多的攻击机会,并且容易造成对手犯规而给其造成极大威胁。突破与中投、传球结合起来,能更好地运用战术,进攻更加机动灵活,效果更显著。

持球突破分交叉步突破、顺步突破、前转身突破、后转身突破 4 种。下面介绍交叉步突破和顺步突破。

一、动作要领

(一)交叉步突破

以右脚做中枢脚为例。两脚左右开立,两膝微屈,身体重心降低,持球于胸腹之间。突破时,右脚前脚掌内侧迅速蹬地,左脚向防守者右脚外侧迈进,重心下压,身体重心前移,将球引于左侧,形成落位后马上回移重心至右脚,身体迅速从左侧右转,左肩向右前方下压,左脚快速从左侧向右跟进,将球拉至右手,中枢脚蹬地从右侧运球突破,如图 4-7 所示。

图 4-7

(二)顺步突破

以左脚做中枢脚为例。准备姿势与交叉步突破相同,突破时左脚内侧快速蹬地,右脚向右前方跨出,向右转体探肩,重心前移,右手运球,左脚迅速跟上向右前方跨出,突破防守,如图 4-8 所示。

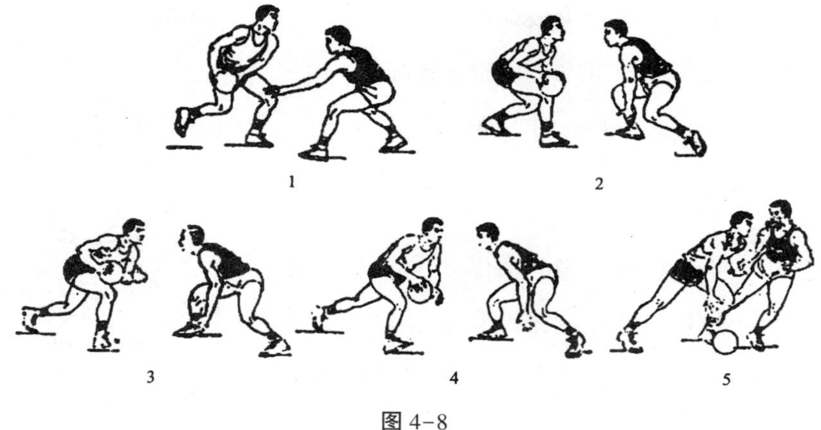

图 4-8

二、技术运用

交叉步突破和顺步突破是个人突破技术中最常见的，在对手面对面防守时采用。运用过程中假动作要逼真，要吸引防守队员重心右移，尽可能争取防守者右移重心时快速从其左侧突破。另外，运用持球突破时要与投篮及传球结合起来。

(1)当防守者重心上提、前移或防守队员移动能力差时，可果断突破。

(2)利用突破迷惑对方，为同伴创造进攻机会。

(3)对方队员犯规较多，可利用突破造成对方增加犯规，以杀伤对方有生力量，震慑对方的防守意志，赢得比赛的胜利。

(4)为了扭转进攻的被动局面，可用突破技术打破对方防守部署，创造良好的进攻机会。

三、常见错误与纠正方法

常见错误是启动速度不够快，不能超越对手。纠正方法是加强启动速度的练习，争取做到在对手还没反应过来时突破成功。

四、练习方法

(一)无防守情况下练习

(1)原地持球突破练习，要求掌握好突破的动作方法。

(2)跳步接球后急停做突破练习。

(3)利用瞄篮或传球假动作后做突破练习。

(二)有防守情况下练习

1. 原地持球突破练习

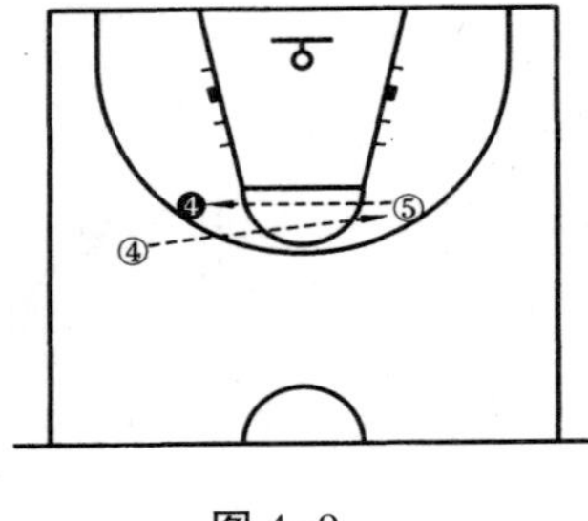

图 4-9

如图 4-9 所示,④持球做假动作,选择时机用交叉步或顺步突破❹,快速运球并传给⑤,同时马上转入防守⑤。⑤接球后突破④的防守,快速向前运球传给❹,并转入防守。轮换攻守练习。

2. 跳步急停接球突破练习

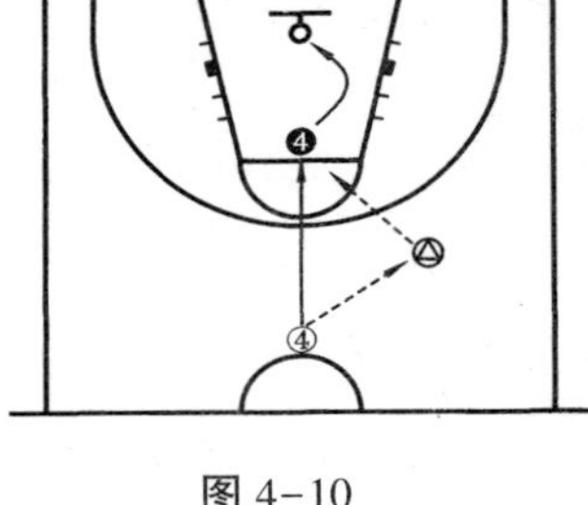

图 4-10

如图 4-10 所示,队员④在中场将球传给老师㊀后,立即上步跑动在❹前跳步接球急停,然后以各种方式突破❹防守,运球上篮。❹在开始时可采用消极性防守,多次练习后可逐渐加大防守难度。

3. 徒手突破技术与持球突破技术综合练习

如图 4-11 所示,④从后面开始用持球突破技术突破❹的防守,并将球迅速传给中场附近的㊀,然后立即用徒手突破技术摆脱❹的防守向前场空切,接教师㊀的传球快速运球上篮,返回时两名队员交换位置。

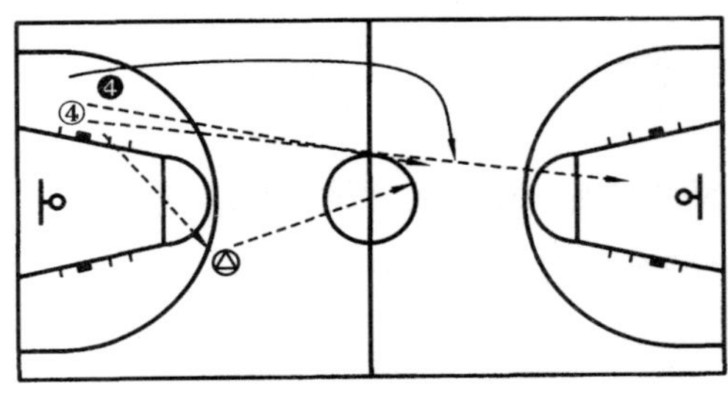

图 4-11

第五节　防守对手

在篮球比赛中,强调积极进攻,以攻为主,但并不是说防守就是消极的。相反,防守必须而且应该是积极的、带有攻击性的,这样才能使篮球技术和战术发挥至最高水平。因此,练好防守技术无疑与练习进攻技术同等重要。

由于现代篮球比赛进攻战术水平的不断提高,在一场篮球比赛中运用单一的、固定的防守战术已经远远不能满足实际需要。

目前的多变化防守是现代篮球比赛中的时兴打法,多变化防守为许多球队所临场运用。多变化防守是根据对手和自己球队的具体情况,抓住各种适宜时机,随时变化防守的一种防守战术。它有以下两点优越性。

(1)多变化的防守容易造成对手的不适应

由于防守的变化多,有时进行全场紧逼盯人防守,有时进行区域联防,有时又进行一盯四联等,使对手还没适应一种防守形式之前,又变换了另一种新的防守形式,易给对手造成不适应。

(2)多变化的防守可以化解球队的弱点

由于防守形式的多变,使得对方在每次进攻时要把精力放在观察防守阵式上,就不易察觉己方的弱点究竟在哪里。

防守变化的时机不要太死板,通常在投中球时、跳球时、犯规成死球时、掷界外球时或暂停时,用来改变本队的防守形式。例如:有的队根据对手第一传的方向变化防守形式,有的队在对手运球后变化自己的防守形式,有的队是根据球的位置来变化防守形式。随着防守技术的不断演变,防守的攻击性、主动性和破坏性越来越突出,但无论防守技术如何发展,终究离不开个人的防守技术。只有成功地完成一防一的任务,才能更好地去进行配合防守和完成全队整体防守任务。

防守对手是一项综合性的个人防守技术,它不仅需要快速的脚步动作和灵活多变的手部攻击动作,而且还要具备良好的观察、判断和敏捷的反应能力。防守队员要积极地抢占合理的位置,干扰、破坏对手的进攻行为,争夺控制球权,同时还要想办法破坏对手的战术配合。防守对手是个体防守技术,也是集体防守的基础。

一、防守对手的主要方式

(一)防有球队员

防有球队员的任务是尽力干扰和破坏对手投篮,堵截对手运球突破,封锁对手助攻传球,并积极地抢、打、断球,力争获得控球权。

1. 动作要领

当对手接到球后,防守者应立即把位置调整到对手与己方球篮之间。对手离球篮近,防守者离对手亦近;对手离球篮远,防守者离球篮稍远,要根据对手的技术特点和意图随时调整位置。平步防守面积大,便于横向滑动,加上两臂侧举有利于防守运球和突破的对手;斜步防守,一手臂斜上举,另一手臂侧伸,有利于防守能投篮、能突破的对手。在防守过程中,要善于判断对手的假动作和真实意图,不轻易上跳,伺机进行抢、打、断球,争取转守为攻。

2. 基本方法

(1)防守位置。当对手有球时,应立即抢占对手与己方球篮之间的位置。

(2)接近对手。根据对手接球时所处位置,在对手接球一瞬间,运用碎步或跳步突然逼近对手,限制其实施攻击性的动作。要求做到行动果断,球到人到,并保持身体的平衡。当对手运球或持球处于攻击状态时,采用滑步接近对手,要求动作短而快,用前脚内侧蹬地,并利用同侧手臂干扰球,重心应偏向右脚,随时准备用撤步、滑步堵截对手突破。当判断对手选择投篮时,要及时封盖。

(3)防守姿势。

①平步站位:两脚平行站立,两手臂侧伸不停挥摆。这种站位防守面积大,攻击性强,便于向左、右移动,适合于贴身防守运球突破。在对手运球停止时,封堵传球以及进行夹击防守配合时均可运用平步站位防守。

②斜步站位:两脚前、后站立,前脚同侧手臂向前上方伸出,另一手臂侧伸。这种防守站位姿势便于前后移动,对防守投篮比较有效。

3. 技术运用

(1)防守对手运球突破时,积极移动,两臂侧下伸出扩大防守面积,堵截其运球突破路线。防守应遵循两条原则:一是堵中路迫使其向边、角运球;二是堵强侧手迫使其弱侧手运球。在防守持球突破能力较强的对手时,要根据对手习惯、技术特点(中枢脚、突破方向、假动作等)来采取相应对策。如对手习惯以右脚为中枢脚,又经常从防守队员的左侧交叉步突破时,防守队员应采用侧重堵左放右的策略,用稍偏向左侧的平步防守或用左脚步在前的斜步防守堵其右脚侧,迫使其无法做习惯性突破,以削弱其攻击力。

(2)防善于助攻传球的对手时,防守队员要积极阻挠其传球。防守时要根据其位置和视线,判断其传球意图。防守队员有时向前贴近对手,挥动手臂封堵其传球,迫使其向无攻击威胁的位置传球;有时可向后撤步,协助同伴防守,使对手不能顺利传球给处在有利位置的进攻队员,同时要伺机抢断球。

(3)防守投篮较准的对手时,首先应采用贴近防守的方法,让其难以投篮出手;其次是根据其投篮技术运用的特点采取针对性防守。如果对手习惯向右脚侧起跳投篮,防守队员可以上左脚,伸左臂进行阻挠和破坏,迫使其改变习惯的投篮动作。

4. 练习方法

(1)一对一攻防练习。一人原地持球实施进攻,一人防守;或一人接球,实施投篮、突破,一人防守。进攻队员开始做运球突破、投篮动作时,防守队员练习防突、防投的撤步及上步等动作。攻守交换练习。

(2)二对二练习。进攻队员可以进行传、投、运、空切等动作,防守队员根据进攻的具体情况进行积极的相应防守。攻守交换练习。

(二)防无球队员

在篮球比赛中,防守队员绝大部分时间是防守无球队员,它的主要任务是不让或少让对手在有效的攻击区域内接球,尽可能地抢断、干扰传向自己所防对手或穿越自己防区的球。同时,限制对手的空切与掩护,力争达到破坏进攻、争取控球权的目的。

1. 动作要领

防守离球距离较远的对手时，防守者面向对手，身体侧向球站位，近球侧的手臂前伸干扰对手的接球，脚步随球的变化灵活移动，时刻注意堵截对手的摆脱，协助同伴抢断球。防离球距离较近的对手时，身体侧向球并采用平步站位，人球兼顾，随球的转移而变换步法和方位，随时准备进行协防与抢断球。

总之，防守无球队员要做到内紧外松（近球者紧，远球者松），松紧结合，及时、果断与同伴进行协同防守配合。

2. 基本方法

（1）防守位置：正确占据有利的防守位置，是防守成功的重要条件。选择防守位置要做到“球、人、区”兼顾原则。也就是在选择位置时要根据对手、球篮和球的位置与距离以及对手的进攻特点与战术要求，并结合自身的防守能力来做出选择。一般情况下，防守队员应站在对手与球篮之间靠近另一持球队员一侧，即保持三角形人球兼顾的位置。如图 4-12 所示。在特殊情况下（如防高中锋），防守者可采用绕前防守。

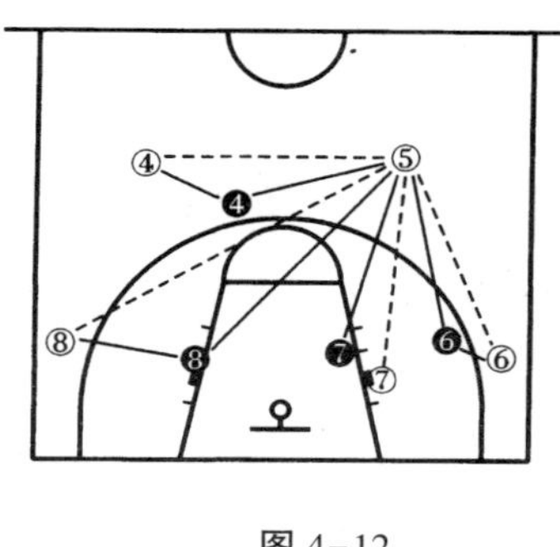

图 4-12

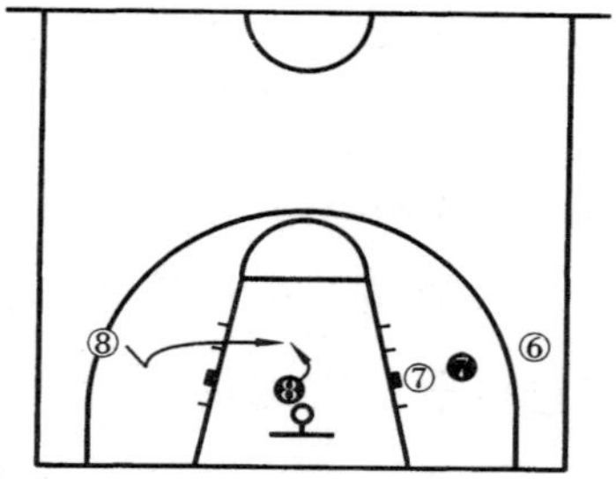

图 4-13

（2）防守姿势：主要有强侧防守与弱侧防守两种方法，它主要是根据对手和球的距离来选择。

①强侧防守：防守距离球较近的对手时，经常采用面向对手侧向球的斜前站立姿势。如图 4-13 所示，靠近球侧的脚在前，屈膝，重心在两脚之间，便于随时启动，

堵截对手摆脱防守后移动接球的路线。伸右侧手臂，拇指朝下，掌心向球，封锁传球路线，干扰对手接球。

②弱侧防守：防守距离较远的对手时，为了便于人球兼顾和协防，经常采用面向、侧向对手的站立姿势，如图 4-14 所示，两脚开立，两腿稍屈，伸展两臂，掌心朝前。密切观察球、人的动向。

3. 技术运用

在篮球比赛中，防守无球队员主要是防纵切、横切、反跑、溜底线、高吊球、抢篮板球等。

(1)防纵切：如图 4-15 所示，④传球给⑧，❹及时偏向球侧错位防守，当④向篮下纵切要球时，❹应抢前移动，合理运用身体堵截纵切路线，同时伸出左臂封锁接球，迫使对手向远离球的方向移动。

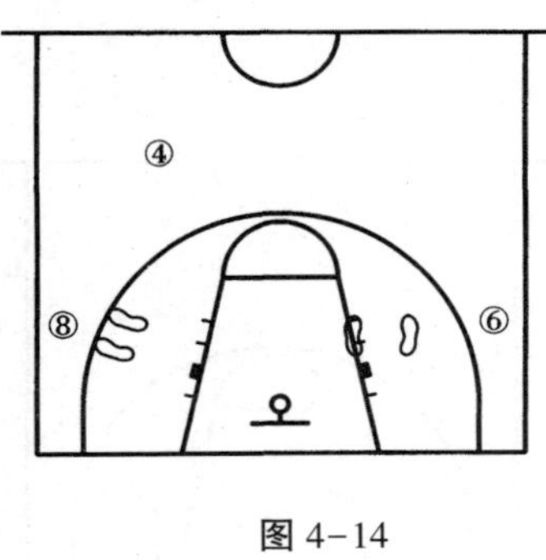

图 4-14

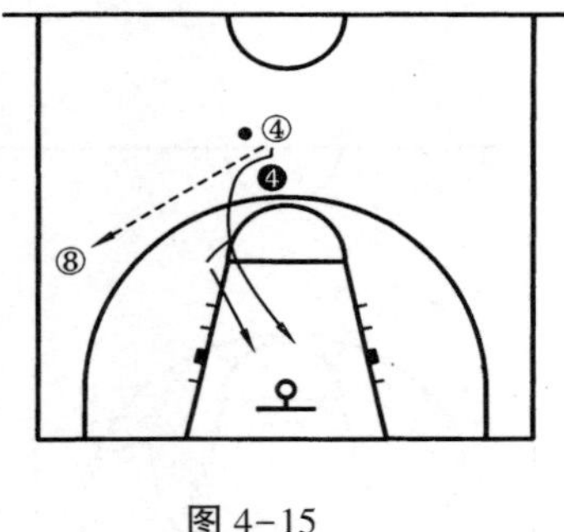

图 4-15

(2)防横切：如图 4-16 所示，④持球，⑥横切要球时，❻跨左脚，合理运用身体堵截，同时伸左臂封锁接球，不让其从自己身前横切要球。这时如果⑥变向沿底线横切时，❻应面向、贴近对手迅速撤步、滑步，同时转头、伸右臂封锁接球，不让其在限制区内接球，迫使其向场角移动。

(3)防反跑：如图 4-17 所示，④持球，❻贴近错位防守，当⑥向上摆脱做要球假动作后纵切时，❻应迅速下滑、面向、贴近对手，同时转头伸右臂封锁接球。此时，也可以撤前脚后转身时，面向持球队员，伸左臂封锁接球，利用左手或身体接触对手。

图 4-16

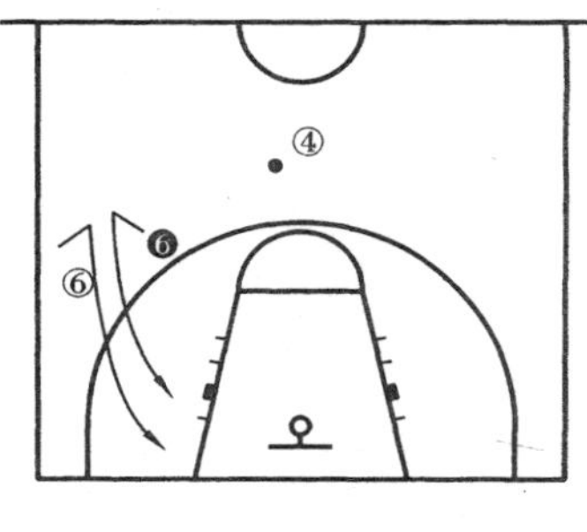

图 4-17

(4)防溜底线：如图 4-18 所示，当⑥直接从底线横切时，❻开始向右滑步移动卡堵对手，跟随其移动，同时伸右臂封锁接球。待对手移过纵轴线进入强侧时，❻迅速上右脚前转身贴近对手，伸右臂封锁接球，将对手逼向场角。

(5)防高吊球：如图 4-19 所示，④持球，当❺防守高大中锋⑤时，采用右侧前方贴近防守。当④高吊球给⑤时，❺应及时判断采用上步起跳断球或快速横移撤步防守。

图 4-18

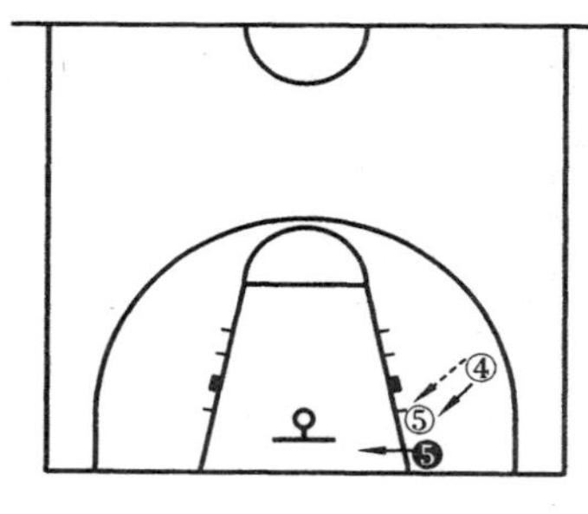

图 4-19

(6)防抢篮板：防守队员在中距离防守，对方有队员正处于投篮状态，这时防守队员要快速上步贴近对手，采用后转身面向球篮挡住自己防守的对手，阻挡其冲抢篮板球。

第六节 抢、打、断球

打球、抢球、断球是攻击性很强的防守技术,它是积极防守战术的基础。

防守时,不仅要干扰和阻挠对方传球、运球和投篮,而且还要力争在对方投篮之前,从对方手中把球抢过来转守为攻。大胆、果断、准确地运用打球、抢球和断球技术,不仅可以破坏对方的进攻,而且还可以鼓舞本队的士气,为反击快攻创造有利的战机。

一、动作方法

(一)打球

打球是击落对方手中球的方法。当进攻队员持球、运球、投篮时,防守队员可以用快速的脚步移动,抢占有利位置,掌握好时机,进行打球。打球时,动作不可过大,用力不要过猛。

1. 打持球队员手中的球

图 4-20

如图 4-20 所示,当进攻队员接到球的一刹那,保护球不好或因观察场上情况而失去警惕时,防守队员突然上步打球。如进攻队员持球部位较高,一般采用由下而上的方法打球。打球时,掌心向上,用手指和指根击球的下部。如进攻队员持球较低,则多采用由上而下的方法打球。打球时,掌心向下,用手指和手掌外侧击球的上部。

2. 打运球队员手中的球

如图 4-21 所示,以右手运球为例,当运球队员向前推进时,防守队员用侧后滑步移动,用右手臂堵住运球队员左面,防止他向自己的右侧变向运球,左手臂干扰运球,当球刚从地面弹起,尚未接触运球队员的手时,及时用手,以手指、手腕和上臂的力量从侧面将球打掉,并及时上前抢球。

图 4-21

3. 打行进间投篮队员手中的球

如图 4-22 所示,进攻队员运球上篮时,防守队员要随之移动。当运球队员跨出第一步接球时,就要靠近他。当他跨出第二步起跳举球时,迅速移动到他的左侧稍前方,用手从他的胸部向下将球打落。

图 4-22

(二) 抢球

抢球是从进攻队员手中夺取球的方法。抢球时,首先要判断好时机,在持球队员思想松懈或没有保护好球而使球暴露比较明显时,迅速接近对手,以快速、敏捷、有力的动作把球抢夺过来。抢球时手部的动作方法有以下两种。

1. 拉抢

防守队员看准对手的持球空隙部位,迅速用两手抓球后突然猛拉,将球抢夺过来。

2. 转抢

防守队员抓住球的同时，迅速利用手臂后拉和两手转动的力量，将球从对方手中抢过来。抢球时，为了加大夺球的力量，可以利用转体动作，迫使对方无法握球。如图 4-23 所示。

图 4-23

(三)断球

断球是截获对方传接球的方法。根据传球方向和防守队员断球前所处的位置，一般将断球分为横断球和纵断球。

1. 横断球

横断球是从接球队员的侧面跃出截获球的动作。断球时，屈膝、身体重心下降，准备启动。当球由传球队员手中传出一刹那突然启动，单脚或双脚用力蹬地跃起，身体伸展，两臂前伸，将球截获，如图 4-24 所示。

图 4-24

2. 纵断球

纵断球是从接球队员身后或侧后跃出截获球的动作。当防守队员从接球队员的右侧向前断球时,右脚先向右侧前方跨出半步,然后侧身跨左脚绕到接球队员的前方,左脚或双脚用力蹬地向前跃出,身体伸展,两臂前伸,将球截获,如图 4-25 所示。

图 4-25

二、练习方法

(一)打球练习

1. 接球时的打球练习

两人一组,距离 1.5 米,迎面相对。持球者把球传给另一同伴后,立即上 94 步打球。要求上步快,手脚协调配合,打球动作要短促有力。两人轮流练习。

2. 打同伴抢到篮板球下落时的球

两人一组,站在篮下,一人将球抛向篮板,另一人跳起抢篮板球,当他得球下落转身时,投球人立刻上步打球。两人轮流进行打球练习。

3. 正面打运球队员的球

在半场或全场一攻一守练习中,防守队员利用后滑步紧盯运球队员,当球刚从地面弹起时,突然打球。两人轮流攻守练习。

4. 从背后抄打运球队员的球

两人一组,一人持球突破,一人防守。当进攻队员持球突破成功后的一刹那,防守队员利用前转身上步,从运球队员身后,用靠近运球一侧的手向前抄打球,然后上步抢球。两人轮流练习。

5. 从后面偷袭打掉运球队员的球

两人一组,一人运球,一人尾随其后。当运球者运球较高,速度较慢,而又放松警惕不注意保护球的时候,防守者从后面跑到运球队员身体侧面,在球刚从地面上弹起的时候,把球向前下方拍击或运走。

(二)抢球练习

1. 体会抢球动作

两人一组,相距 1.5 米,对面站立,一人双手持球于腹前,另一人按抢球的动作要求,突然上步将球抢夺过来。持球队员由正常握球开始,逐渐加大握球力量,使抢球队员体会和掌握拉抢和转抢的动作方法。进行若干次后,攻守交换练习。

2. 体会持球者摆动球的抢球时间

3 人一组,成间隔 1 米的直线站位,中间一人持球向两侧摆动,两侧无球队员根据球的部位,及时抢球,然后持球队员逐步改做转身跨步和摆脱护球动作,另外两名队员伺机抢球。完成一定次数后,攻守轮换练习。

3. 抢地滚球

队员在端线两侧站二列横队、对面站立。教师在端线中点向场内抛地滚球,左右对应的两个队员快速冲向球,抢到的队员向对面篮筐进攻,未抢到球的队员进行防守,依次轮流进行练习。为了练习快速反应,可以把两边的队员编上号,当教师喊到某号时,两边同号队员立刻启动抢球,抢到球者进攻,未抢到球者防守。要求队员反应要快,敢于拼搏,培养良好的战斗作风。

4. 抢空中球

3 人一组,一人持球与其他两人对面站立,距离 3~4 米,持球队员将球抛向空中,另外两人迅速启动、选位、起跳、抢球。要求抢球者启动快,选位好,起跳及时,抢球要猛,落地后保护好球,迅速转换下一个动作 r 没抢到球的队员要快速上步,想办法把球从同伴手中抢过来。

5. 抢接高空下落的球

3 人一组,相距 2 米站成三角形,一人持球,局抛给任何一人,接球者必须跳起接球。当接球者得球下落时,抛球人和另一人同时向持球者移动,并迅速伸臂抢球。3 人轮流做攻守练习。要求抢球者移动快,伸手抢球动作迅速,短促有力。

(三)断球练习

1. 体会断球动作

两人传球,一人在侧面或后面练习断球,体会横断球和纵断球的步法和手臂动作。攻守交换练习:开始练习时,传球距离稍远、速度稍慢,断球者距接球队员近些,然后逐步加大难度。

2. 断球的反应练习

4 人一组,三攻一守,如图 4-26 所示站位。防守队员站在限制区中间,④可把球任意传给⑤或⑥,❹由⑤⑥身后跃出断球。如未断到球,迅速回撤,保持正确的防守位置和姿势,继续防守。练习一定次数后交换位置。

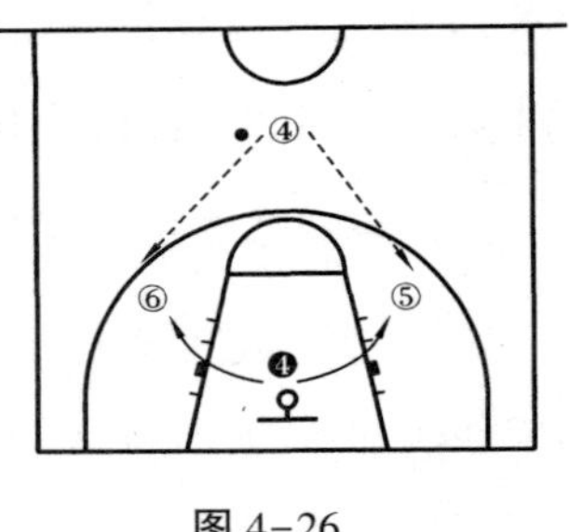

图 4-26

3. 断球移动练习

3 人一组,如图 4-27 所示,④和⑤互相传球,❹先站在④后面,当⑤把球传给④时,❹由④身后跃出断球,断得球后再传球给⑤,然后再跑到⑤身后,再断④传给⑤的球,如此连续进行练习。队员按逆时针方向轮换。

4. 断球结合反击

6 人一组,如图 4-28 所示,④和⑤传球,❹和❺防守。❹或❺断球后,二人快速向前场推进，到罚球线附近，原地互相传球，⑥和⑦断球反击。原进攻者④和⑤在原地变为防守队员，准备断⑥和⑦的传球再反击。如此连续进行练习。

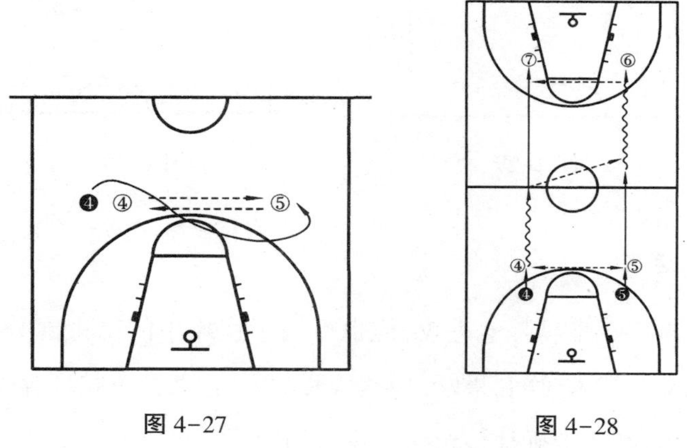

图 4-27　　图 4-28

第七节　进攻基础配合

进攻基础配合是指两、三名进攻队员之间有目的、有组织地为创造攻击机会，合理运用技术打乱对方防守部署的简单配合方法。进攻基础配合包括传切配合、掩护配合、突分配合和策应配合。

一、传切配合

传切配合是进攻队员之间利用传球和切入技术组成的简单配合。

（一）动作要领

（1）一传一切，如图 4-29 所示，进攻队员④持球，将球传给同伴⑤，然后利用假动作摆脱防守者❹切入篮下接⑤的回传球投篮。

（2）空切，如图 4-30 所示，进攻队员④传球给⑤，⑥利用假动作摆脱防守者❻向篮下切入，接⑤的传球投篮。

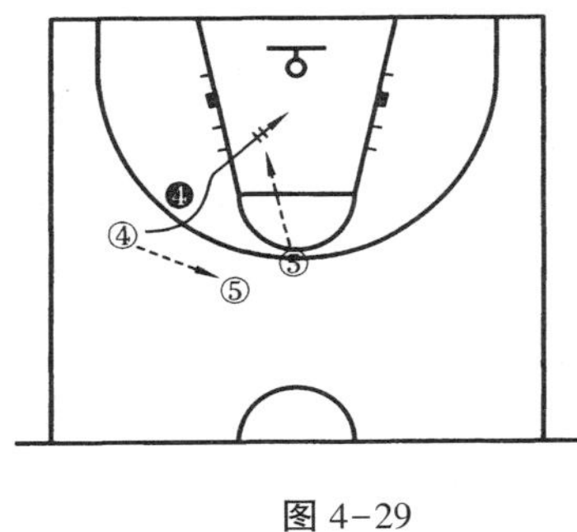

图 4-29

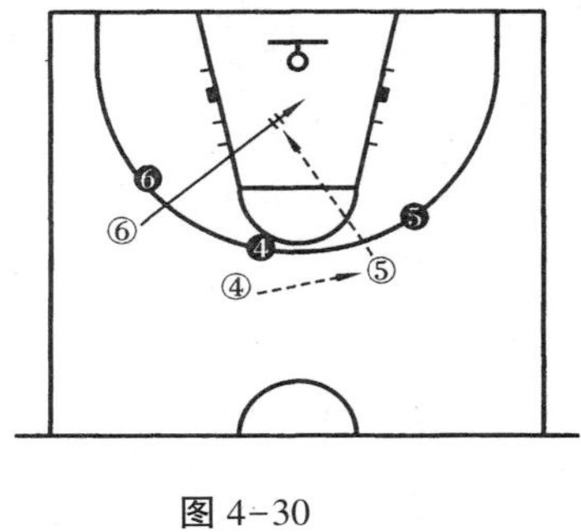

图 4-30

(二)技术运用

传切配合多用于半场阵地进攻,但也可用于快攻中的结束部分。要求切入队员要根据情况掌握切入时间,果断、快速摆脱防守者,并注意接同伴的传球;传球队员的传球要做到及时、准确地传给切入篮下的同伴。

(三)易犯错误

(1)同伴还没接到球就开始切入,造成来不及传球;

(2)传球时机掌握不好,没有在最佳时间传球;

(3)配合不默契。

(四)练习方法

(1)首先练习假动作摆脱防守,判断摆脱防守的时机。

(2)练习传球的时机与准确性,增加配合默契程度。

(3)进行横切、纵切、空切配合综合练习。

二、掩护配合

掩护配合是掩护队员采用合理的行动,用自己的身体挡住同伴的防守者的移动路线,使同伴借以摆脱防守,或者利用同伴的身体或位置使自己摆脱防守的一种配合方法。

(一)动作要领

当给同伴做掩护时,要突然跑到防守同伴的队员的移动路线上,保持适当距离,两脚开立,双膝微屈,两臂屈肘于胸前,上体稍前倾,扩大掩护面积。当同伴利用掩护摆脱防守时,掩护队员应随着防守者的移动,转身准备接球或切入抢篮板球。

（二）配合要求

（1）掩护的队员目的要明确,行动要隐蔽,动作合理,避免造成犯规。

（2）被掩护的队员要配合掩护队员,运用假动作吸引对方。当同伴到达掩护位置时,摆脱对手动作要突然、快速。

（3）掩护结束后,掩护队员要采用后转身动作挡住对手追赶其防守的同伴,堵截其追赶路线,并伺机接球进攻或冲抢篮板球。

（三）易犯错误

（1）动作不够隐蔽,行动目、的被对手提前发现。

（2）动作不合理,造成掩护犯规;技术不到位,未能起到掩护作用。

（3）与被掩护同伴配合不默契,没有在最佳时机形成配合。

（4）掩护结束时没有转身挡人动作,被对手形成交换防守。

（四）练习方法

1. 前掩护练习

掩护队员站在同伴防守者的前面,用身体挡住防守者向前移动的路线,使同伴借机摆脱防守接球进行攻击的一种掩护方法。如图 4-31 所示,⑥跑到❺的前面给⑤做前掩护,⑤利用掩护拉出,接④传来的球投篮或做其他攻击动作。

2. 侧掩护练习

掩护队员站在同伴防守者的侧面,用身体挡住防守者的移动路线,使同伴得以摆脱防守的一种掩护方法。

图 4-31

示例一:给持球队员侧掩护。如图 4-32 所示,⑤传球给④后跑到❹的侧面做掩护,④接球后做投篮或突破的动作，吸引❹的防守，当⑤到达掩护位置时，④持球从❹的右侧突破投篮。⑤掩护后及时移动到有利的位置去接球或抢篮板球。

示例二：给无球队员做侧掩护（反掩护为例）。如图 4−33 所示，⑤传球给④后，跑去给同伴⑥做掩护，当⑤跑到❻侧面掩护到位时，⑥贴着⑤切入篮下接④传来的球投篮。④接到⑤传来的球后，要做投篮、突破假动作吸引自己的防守者，当⑥借助⑤掩护插入篮下无人防守时，④及时将球传给⑥投篮。⑤掩护后要根据防守的情况及⑥的移动情况及时采取其他战术行动。

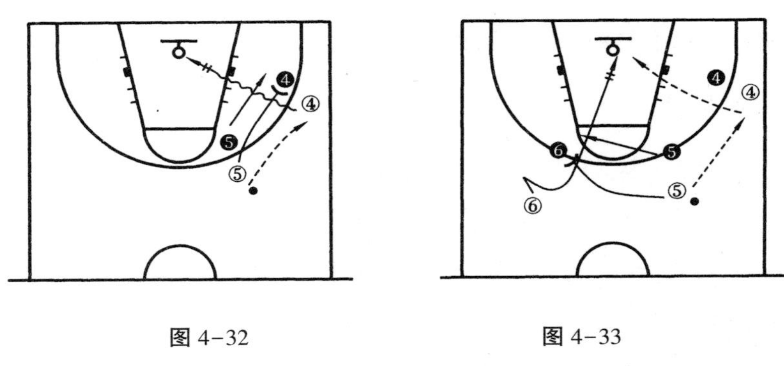

图 4−32　　图 4−33

3. 定位掩护练习

定位掩护是被掩护者主动利用同伴的身体和位置做原地掩护，使自己摆脱防守的一种掩护方法。

示例一：如图 4−34 所示，⑤占据罚球区分位线的有利位置，⑥运球从底线突破，当把❻诱到⑤身旁时，突然变向运球，利用⑤的定位掩护摆脱❻的防守进行攻击。⑤及时转身切向篮下抢篮板球。如果❺换防⑥，⑥则传球给切入篮下的⑤投篮。

示例二：如图 4−35 所示，⑤站在罚球区分位线的位置，⑥利用⑤的定位掩护挡住❻的移动，插向篮下接④传来的球进行攻击。⑤转身抢篮板。如果❺换防⑥，⑤转身挡住❻后插入罚球区接④的传球投篮。

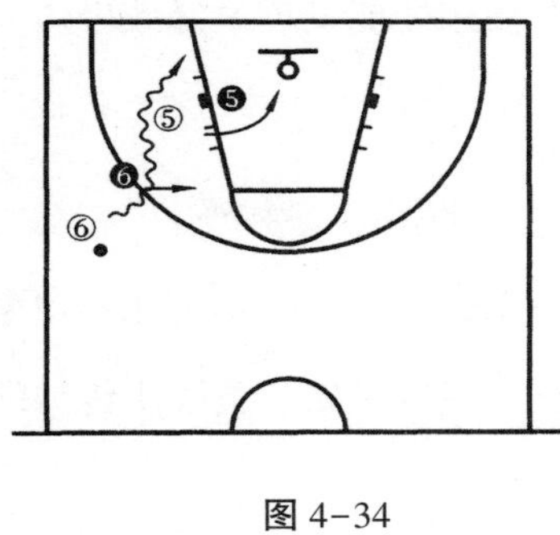

图 4-34

图 4-35

4. 假掩护练习

如图 4-36 所示，⑤传球给④去给⑥做掩护时，发现❺未紧跟防守，此时⑤立即插向篮下接④传来的球投篮。

图 4-36

三、突分配合

突分配合是有球队员利用突破技术摆脱防守，当遇到其他防守队员补防造成防守部署打乱时迅速将球传给有利于进攻位置好的同伴的配合。

（一）动作要领

有球队员突破防守后，首先考虑个人运球上篮。当发现有防守队员进行补防时，马上观察场上情况，果断将球及时传给进攻位置好的同伴实施攻击。

（二）配合要求

（1）突破前要首先观察场上具体情况，当对方的防守部署利于突破时，要果断实施突破。

（2）突破的动作要突然、快速，在突破过程中，要随时观察场上攻、防双方的变化，既要做好投篮准备，又要考虑遇到补防时的分球。

（3）当进攻队员实施突破时，其他进攻队员要掌握好时机及时跑到有利进攻位置上准备接同伴的球。

(4)突破分球配合要与全队进攻战术结合使用才能发挥最好效果。

(三)易犯错误

(1)只顾突破上篮,当遇到对方补防时球没法传出。

(2)与同伴配合不协调,造成该投篮时不投篮,该传球时不传球的现象。

(3)同伴的配合意识差,没有及时拉空接球,造成突破队员没法传球的局面。

(四)练习方法

(1)如图 4-37 所示,⑤从防守者的左侧突破,❹协防,封堵⑤向篮突破的路线,此时④及时跑到有利的进攻位置,接⑤的球投篮,或做其他进攻配合。

(2)如图 4-38 所示,④向左侧做假动作从右侧突破,❹后撤退防,同时❺进行补防,这时⑤跑到罚球线附近接④的传球投篮。

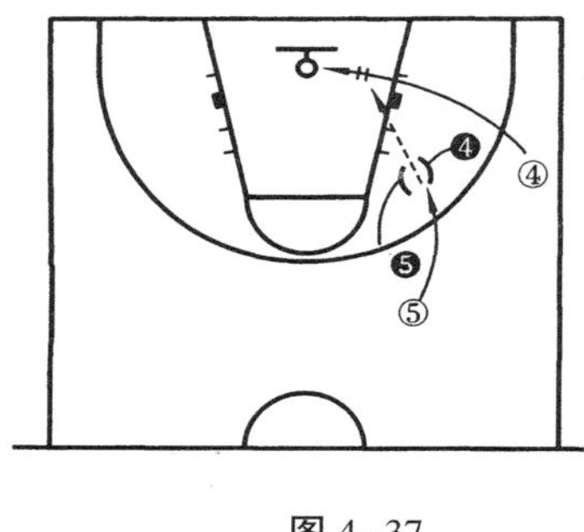

图 4-37

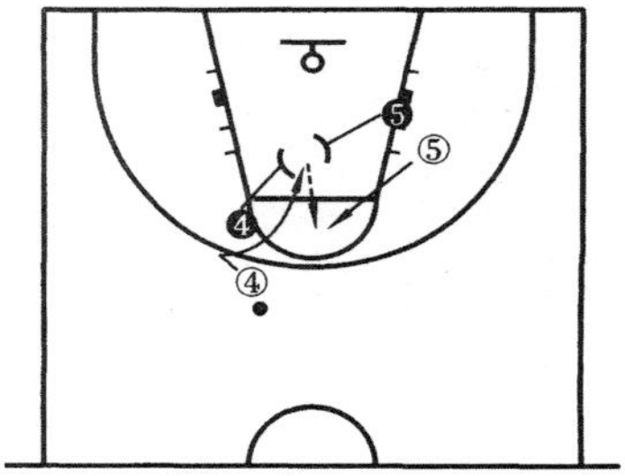

图 4-38

(3)如图 4-39 所示,④从防守底线突破,❻协防,封堵④篮下突破线路,❺后撤进行协访,④可将球传给插入到有利位置的⑥或⑤进攻。

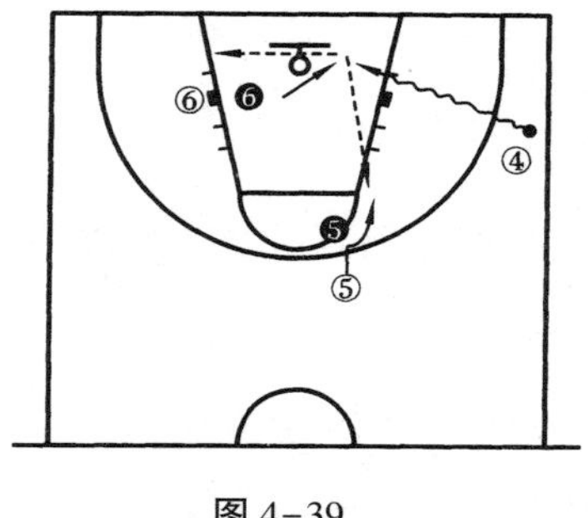

图 4-39

四、策应配合

策应配合是指内线队员背对或侧对球篮接球,以他为中枢,与外线队员的空切相配合而形成的一种里应外合的配合。

（一）动作要领

策应队员先抢占有利位置，接球后两脚开立，屈膝，上体稍前倾，两手持球与腹前，用臂和身体保护球。外围队员利用假动作和策应队员的身体掩护摆脱防守并接策应队员的传球切入篮下进攻，如图4-40所示。

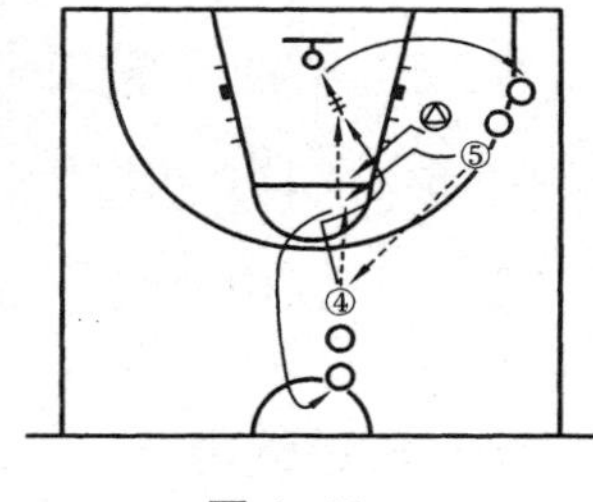
图4-40

（二）配合要求

（1）策应者要及时抢位接球。

（2）充分利用手臂、身体、腿部保护好球。

（3）既要利用好自己的攻击机会，又要根据场上具体情况，处理好进攻与传球的关系。

（4）策应完成后要跟进抢篮板球。

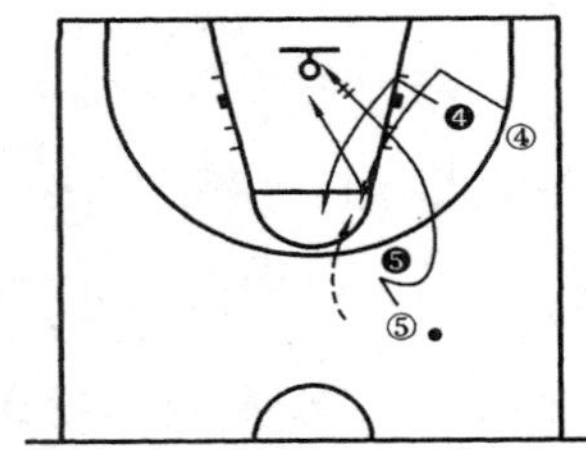
图4-41

（三）易犯错误

（1）抢位不及时，没法占据最有利的位置。

（2）接球后没有充分利用转身、跨步、假动作等技术调整位置与方向，策应手段比较单一。

（3）主次不分，接球只想自己进攻，忘记自己的枢纽策应作用，忘记给同伴创造进攻机会才是策应的主要作用。

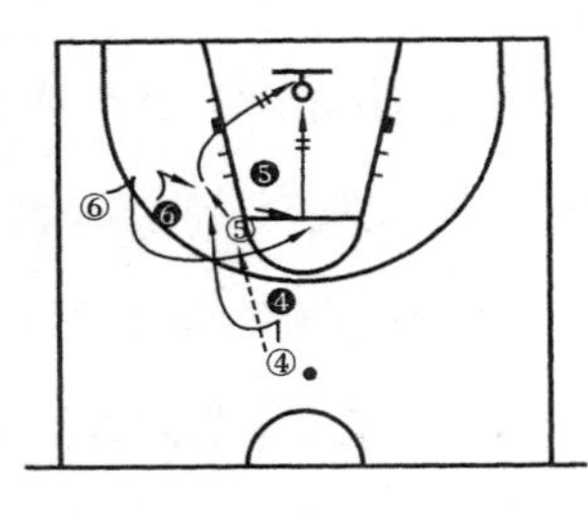
图4-42

（四）练习方法

（1）如图4-41所示，④摆脱防守插到罚球线做策应，⑤将球传给④并立即空切篮下，接④的策应传球投篮。

（2）如图4-42所示，④传球给策应者⑤，并从❺身边切入篮下，⑥从底线下压后绕出，⑤可将球传给④篮下进攻或传给⑥外围投篮，也可自己进攻。

第八节 防守基础配合

防守基础配合是指两三名防守队员，为破坏对方的进攻配合，或当同伴防守出现困难时，及时互相协作防守的方法。它包括挤过配合、穿过配合、绕过配合、“关门”配合、交换防守配合、夹击和补防配合等。

一、挤过配合

（一）动作要领

当对方掩护队员临近自己的一刹那，积极向前跨出一步，贴近自己防守的对手，并从两个进攻队员之间侧身挤过去，继续防住自己的对手。

如图 4-43 所示，④传球给⑤去给⑥做掩护，❹发现后要提醒同伴❻注意。❻在④临近一刹那，迅速抢在④之前继续防守⑥。

（二）配合要求

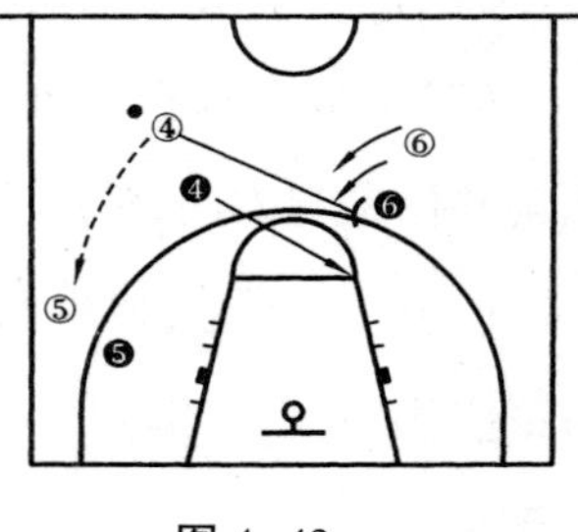

图 4-43

（1）防守自己的对手同时要随时观图察场上情况，及时发现对方的配合意图。

（2）向前跨步动作要及时、突然、有力。

（3）与同伴要协调防守，尤其是补防。

（三）易犯错误

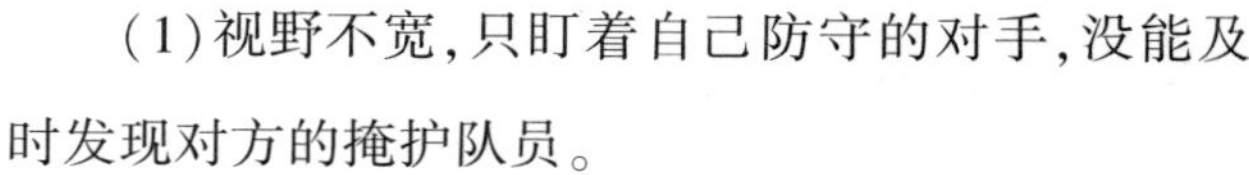
（1）视野不宽，只盯着自己防守的对手，没能及时发现对方的掩护队员。

（2）反应及启动速度慢，没能从两个进攻队员之间挤过去。

（四）练习方法

（1）3 人一组，徒手练习脚步动作，相互间交换位置。

（2）如图 4-44 所示，当④传球给⑤去给⑥做掩护时，❹应及时提醒❻。❻在掩护者临近的一刹那，迅速前跨一步靠近⑥，并从⑥和④之间侧身挤过去，继续防守⑥。此时❹应向后撤,以便❹漏人时及时补防。

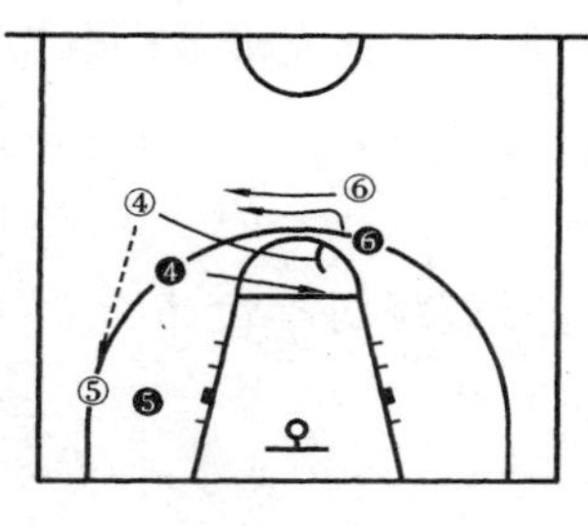

图 4-44

二、穿过配合

(一)动作要领

当进攻队员进行掩护时,给同伴做掩护的队员应及时提醒其他队员并主动后撤一步,让同伴及时从自己和掩护队员之间穿过,继续防住自己的对手。如图 4-45 所示,⑤传球给⑥,④上来给⑤做掩护,❺发现不便于挤过时,应后撤一步并用滑步从④和❹中间穿过继续防守⑤。此时❹要主动后撤半步,以增大与④的距离,保证❺能顺利地穿过。

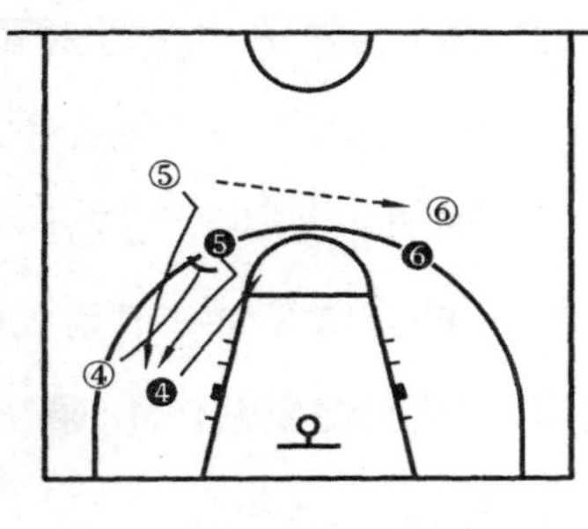

图 4-45

(二)配合要求

防守掩护的队员要及时提醒同伴并主动让路,两名防守队员之间要相互沟通,形成默契。

(三)易犯错误

两个防守队员之间没有沟通,致使防守中不明确采取何种方法防守,造成配合不协调成漏人现象。

(四)练习方法

(1)如图 4-46 所示,⑤传球给⑥后去给④做掩护,❺要提醒队员,并离⑤远点。❹当⑤掩护到位前一刹那主动后撤一步,从⑤和❺中间穿过,继续防守④。

图 4-46

(2)4 人一组徒手做沟通练习。当掩护队员跑去掩护时,防守者要及时提醒自己队员,队员接到信息后,先准备采取挤过的方法防守。当发现没办法挤过时,用口诀告知同伴防守配合的方法。如“换”指交换防守;“撤”指穿过防守;“贴”指绕过防守等。

三、绕过配合

(一)动作方法

当进攻队员进行掩护时,防守队员要及时提醒自己的队员,并主动贴近对手,让队员以最快的速度、最短的距离从自己的身旁绕过,继续防住自己的对手。如图 4-47 所示,⑤传球给⑥利用④的掩护切入篮下,❹封堵⑤向篮下切入的路线,迫使其向另一侧切入,此时❹要贴住④,❺从④和❹身旁绕过继续防守⑤。

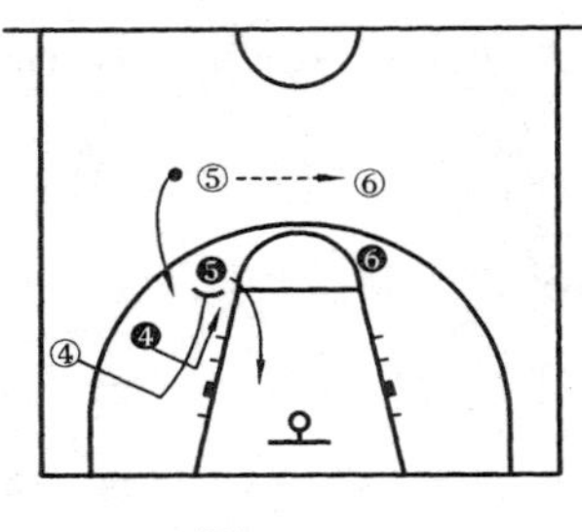

图 4-47

(二)配合要求

(1)防守队员要及时发现对方的配合意图。

(2)防掩护队员贴近对方时注意动作的合理性,避免推人犯规。

(3)防守队员之间要相互提醒,并及时协调。

(三)易犯错误

(1)防守掩护队员贴近对手时动作慢,造成同伴绕过时距离增加,来不及跟上防守。

(2)沟通意识不强,造成防守配合不协调。

(四)练习方法

如图 4-48 所示,⑥传球给⑤并去给他做掩护,⑤传球给④后利用⑥的掩护篮下切入,❺从❻和⑥旁绕过。

四、关门配合

(一)动作要领

关门配合是指当进攻队员运球突破障碍时,临近突破线路上的相邻防守队员向突破的进攻队员靠拢，与同伴协同堵住进攻队员突破的防守配合方法。

如图 4-49 所示，半场二对二，④突破时❺协同❹进行“关门”，若④传球给⑤时，❺迅速回防⑤。⑤突破时❹协同❺进行“关门”。反复进行练习到一定次数后，攻守相互交换。

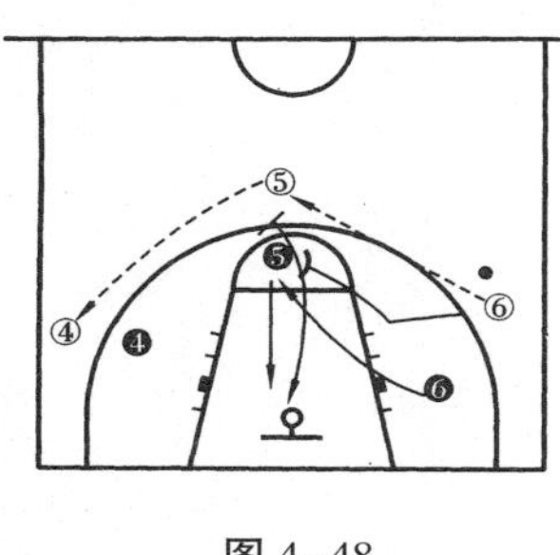

图 4-48

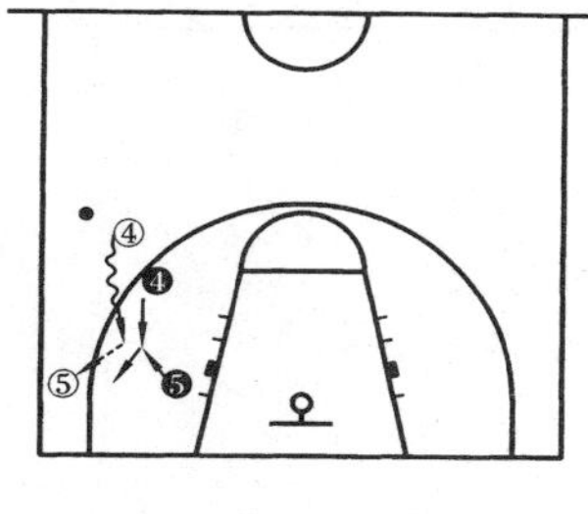

图 4-49

（二）配合要求

防守队员应积极封堵进攻者的突破路线；临近突破一侧的防守队员要及时向同伴靠拢进行“关门”，不给突破者留有通过的空隙。关门配合可运用于区域联防。

（三）易犯错误

（1）“关门”时靠拢不够，让对手挤过了防守配合。

（2）动作慢，造成阻挡犯规。

（四）练习方法

（1）如图 4-50 所示，6 人一组，⑤传球给④，④从右侧运球突破，❺协同❹“关门”，❻调整防守位置，④传球给⑤，⑤传给⑥，❻防底线突破，⑥从右侧突破❺再协同❻协防“关门”。做若干次后按顺时针防守队员换位，继续练习，然后再攻守交换。

（2）如图 4-51 所示，四对四练习，方法同穿过配合。

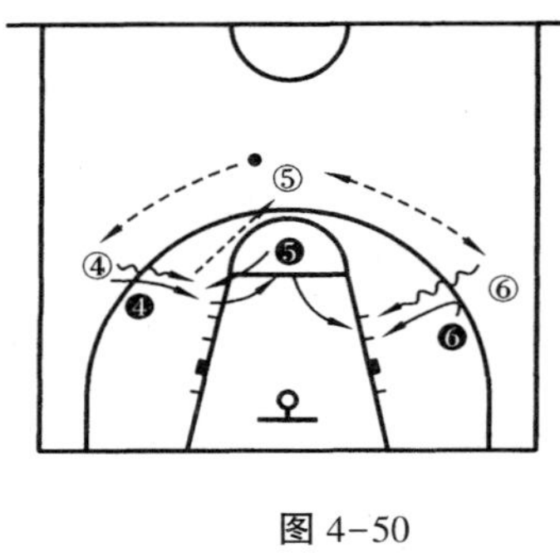

图 4-50

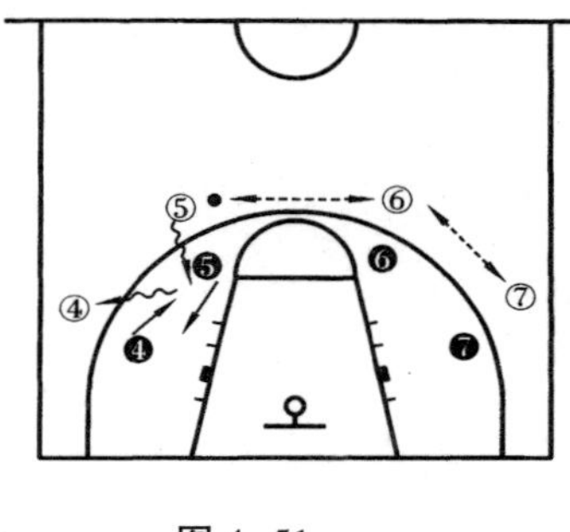

图 4-51

五、交换防守配合

(一)动作要领

交换防守配合是为了破坏对方的掩护配合,防守队员之间及时交换自己所防对手的一种配合方法。当进攻队员进行掩护时,防守队员移动线路被阻,当进攻队员伺机摆脱防守时,防守队员应及时交换防守对象,如图 4-52 所示。

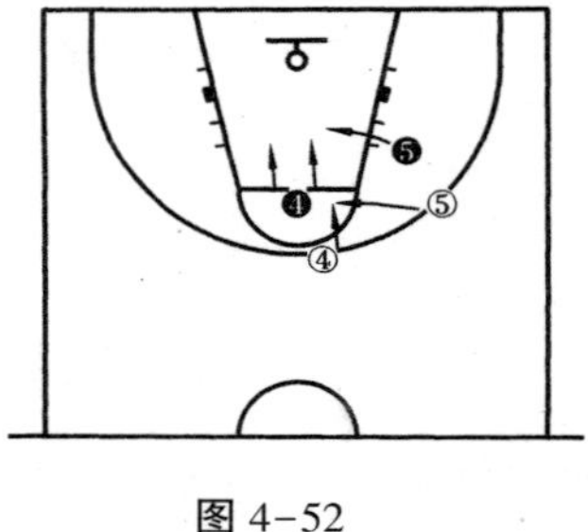

图 4-52

(二)配合要求

(1)两人要到位后再交换,交换要及时。

(2)防守掩护的队员要主动发出信号换防。

(3)能不换防最好不换防,尤其是防守交换的两人身高、力量、移动速度等相差较大时;当两名防守队员各方面都差不多时要果断交换防守对象。

(4)换防后应在适当时机换回来,以免造成个人防守力量不利及防守部署的混乱。

(三)易犯错误

(1)配合不默契,容易造成我换你不换的现象,导致防守漏人。

(2)盲目交换防守对象,不考虑防守上的失衡,造成对方以高打矮、以快打慢的不利局面。

(四)练习方法

(1)如图 4-53 所示,进攻队员⑤去给④做掩护配合,❺要主动发出换人信号,及时封堵④向篮下突破的路线,此时❹应及时调整自己的位置,防止⑤向篮下空切。

(2)如图 4-54 所示,④传球给⑤并利用⑥定位掩护切入篮下,此时❻看到❹被掩护住了,应主动招呼同伴换防,❻防④篮下接球,❹调整位置防⑥。

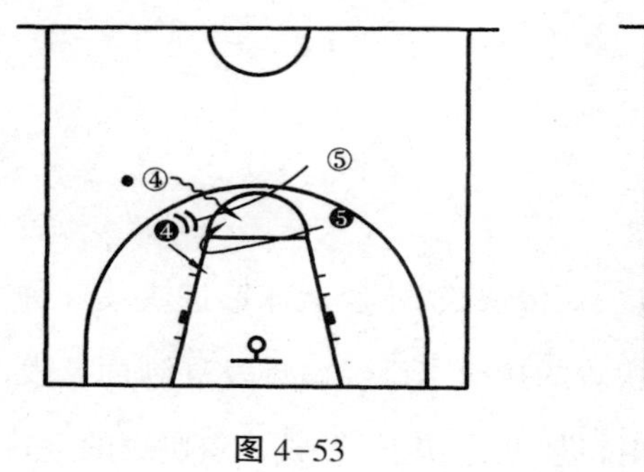

图 4-53

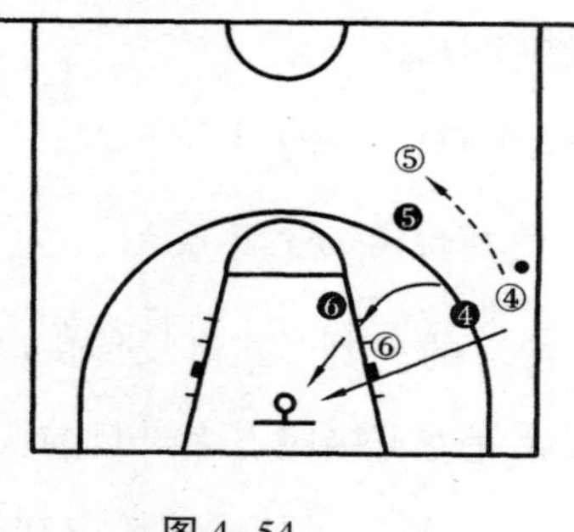

图 4-54

第九节　全场快攻与防守快攻

一、全场快攻战术

快攻是球队在获球后由防守变为进攻时,以最快的速度、最短的时间,在对方未稳定防守之前,利用快速的配合进行攻击的一种战术。

快攻最能体现进攻战术中积极主动的精神。美国人形象地称快攻为“急驰的马”,中文译为“闪电般的进攻”,快攻在现代训练与比赛中受到高度重视并被广泛运用。它是一种攻击性很强的进攻战术,快攻战术对培养队员的英勇顽强、积极主动的作风,对全面培养队员的进攻速度和技术,以及对提高队员的身体素质都起着重要的作用。

据相关资料,一场高水平的篮球比赛,快攻的得分比重已达总得分数的三分之一。目前世界各强队已把快攻当作发动攻击的锐利武器。因此,对快攻战术的练习是非常重要的。

(一)全场发动快攻的机会

全场发动快攻的机会很多,主要有以下 5 种:

(1)掷端线球时;

(2)掷后场界外球时;

(3)抢、断球时;

(4)跳球时;

(5)抢到后场篮板球时。

(二)发动快攻的主要形式

发动快攻的主要形式有长传快攻、短传快攻、快速运球推进快攻三种。快攻的三种形式大都力求接应点多。目前快攻的接应点已经由点发展到面。发动快攻向前场推进时,注意尽量从中路接应和推进,两边快下,形成 3 条快攻的进攻路线。

(三)全场快攻战术的练习方法

快攻战术在练习时应注意快攻的发动、推进、结束三个阶段的衔接是否合理、紧凑。下面介绍 5 种全场快攻的练习方法。

1. 掷端线球时长传快攻配合练习

如图 4-55 所示,队员每 4 人分成两组,⑥、⑧两人进攻,❻、❽两人防守,在全场往返练习。❽和❻严密防守⑧和⑥,当⑧在端线掷界外球时,应要防⑧传球给⑥。⑥要尽快摆脱对手的防守,快速向前场空切,接⑧的长传球上篮。返回时,两组交换位置练习。

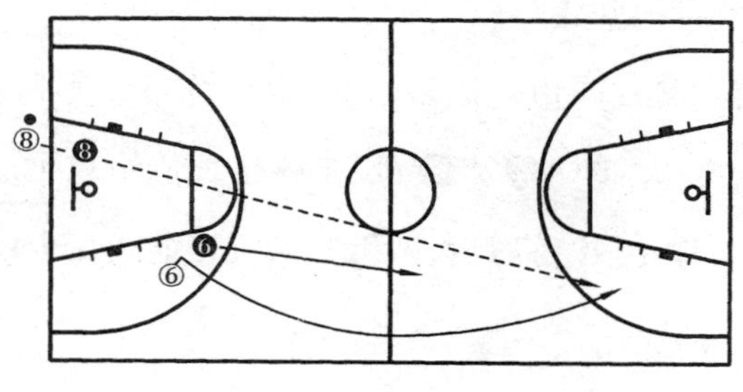

图 4-55

要求❻要紧跟⑥,不准远离⑥进行防守,也不准预先跑到前场进行防守。队员⑧在界外掷长传球时,必须在 5 秒内出手,否则算失败 1 次。⑧长传球后,要快速向前场跟进,争取二次进攻。练习若干次后,两组交换攻守位置,继续在全场往返进行练习。待配合练习熟练后,可规定长传快攻成功,则仍为进攻组,如果失败,则变为防守组,原防守组变为进攻组。传球失误、5 秒违例、失球、没抢到篮板球、10 秒钟内没机会投篮等,算快攻失败 1 次、防守组成功 1 次。最后比较哪一组成功的次数多。

2. 抢断球长传快攻配合练习

如图 4-56 所示,队员每 4 人分成两组,④⑧为进攻组,❹❽为防守组。进攻队员④与⑧在前场传球,当④传球给⑧时,防守队员❽及时上前横断球,快 速向前场运球突破(可拍运 1~2 次球),将球长传给沿边线空切向前场的同伴❹上篮。❽传完球后要迅速跟进争取二次进攻。

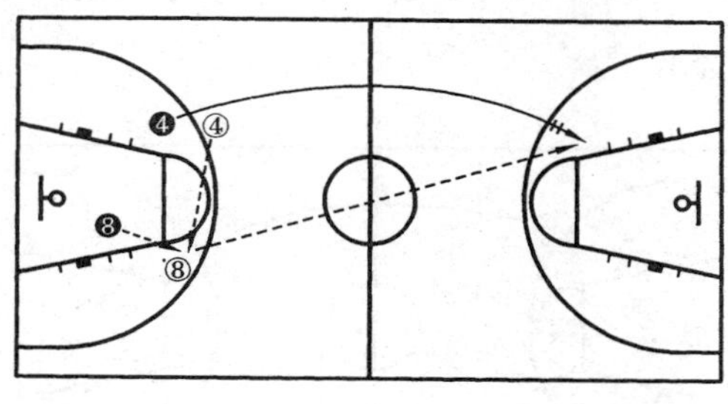

图 4-56

要求:④和⑧两名队员只能在原地做定点传球,不准运球、不准投篮。❹❽不准逼近传球队员，只准进行断球。

防守队员❹❽可交替从两边轮流做断球、空切练习。④和⑧两队员在看到球被❹或❽断去后，立即启动追防❹和❽，以破坏其长传快攻配合，争取在前场“盖帽”或冲抢篮板球。每做10次练习后，两组交换位置继续在全场往返进行练习。

3. 抢篮板球快攻配合

如图4-57所示，队员每3人分成一组。教师◎在罚球区向篮板抛球，⑧在篮下抢到篮板球时，⑥立即快速插中接⑧的一传，与此同时队员④及时沿边线成弧形向前场空切，接⑥的传球快速运球上篮。队员⑧和⑥都要及时跟进，争取机会接球投篮，或冲抢篮板球，力争用最短的时间结束快攻。进行此练习时，⑥或④可轮流插中接第一传。

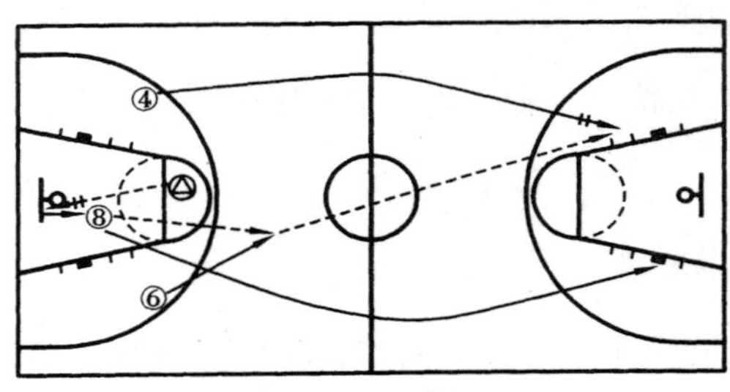

图4-57

要求：插中队员⑥的长传球要及时、准确，可拍运1～2次球，调整好步伐，掌握好时机，及时将球传给空切向前场的同伴。

又如图4-58所示，当教师△向篮板抛球时，⑧抢到篮板球后立即及时长传球给快速切向前场的④或⑥上篮。

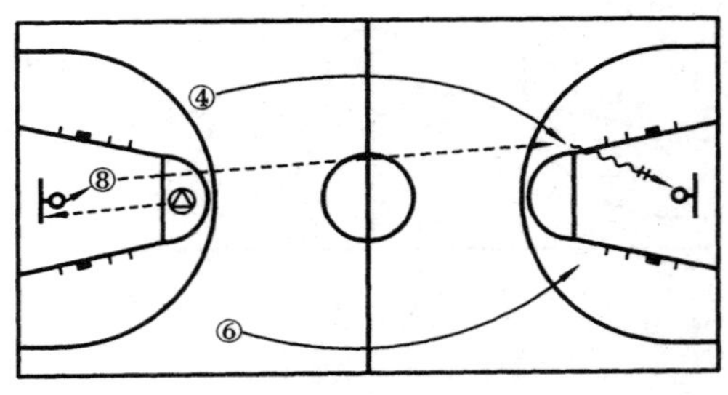

图4-58

要求:⑧抢到篮板球后,可运 1~2 次球突破教师⊿后再长传球。3 人要轮换位置进行长传快攻配合练习。

4. 跳球后快攻配合练习

如图 4-59 所示,队员每 6 人分成两组,3 人进攻,另 3 人进行防守,在全场往返进行练习。教师⊿在中圈执行跳球。直接将球传给⑧,⑦要立即向前场空切,接⑧的长传球上篮。

如图 4-60 所示,若❻将球传给了同伴❼,则❽应立即启动快速空切到前场,接❼的长传球投篮。

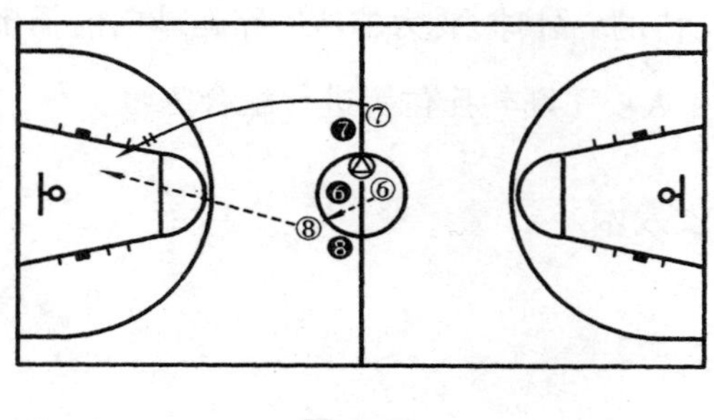

图 4-59

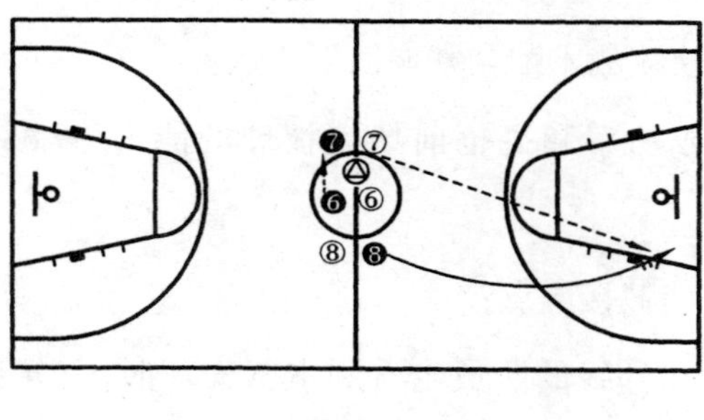

图 4-60

要求:两组中哪一组得到球,哪一组就发动快攻配合。看哪一组进行快攻的次数多和快攻成功的次数多。

5. 掷后场界外球时快攻配合练习

如图 4-61 所示,队员每 4 人分成一组,在全场往返进行练习。⑦在后场掷界外球,队员④、⑤、⑥同时启动,④插中接⑦的传球,⑥和⑤从两侧沿边线迅速插向前场，接④或⑦的长传球上篮。

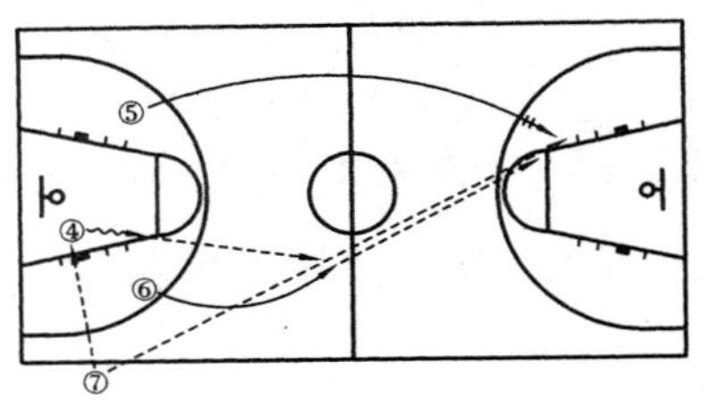

图 4-61

要求：若④得到⑦传的界外球，要力求从中路运球向前场推进，尽量少运球，将球传给⑥或⑤投篮。4 人要不断轮换位置进行配合练习。

二、全场防守快攻战术

（一）防守快攻

防守快攻是防守战术的重要组成部分。要在比赛中摆脱被动，争取主动，必须认真训练和掌握防守快攻的战术配合。

掌握和运用防守快攻战术配合掌握以下 4 点：

（1）提高进攻的成功率和拼抢前场篮板球的能力，以减少对方发动快攻的机会；

（2）封堵第一传，堵截接应点；

（3）卡好两边，处在外线的队员当看到本队失球时，首先要后撤，并注意回防两边正在快下的进攻队员，以控制住自己的后场；

（4）提高以少防多和快速奔跑的能力。

（二）防守快攻的练习方法

1. 堵截快攻的发动与接应

练习一：二对一堵截快攻的发动与接应练习。如图 4-62 所示，将球投向篮板，当④抢到篮板球时，❹立即上前挥臂封④的传球路线，而❺则去堵截⑤的接应。

练习二：三对三堵截快攻的发动与接应练习。如图 4-63 所示，当④控制篮板球时，❹上前挥臂封其传球路线，⑤和⑥均为接应队员，❻堵截⑥的接应，❺堵截⑤的接应。

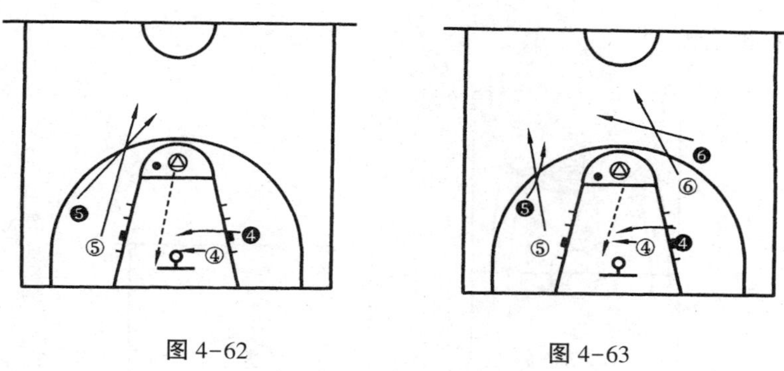

图 4-62　　图 4-63

练习三：三对三夹击第一传练习。如图 4-64 所示，④控制篮球时，❹和篮下的❺合作夹击④的球，❻放弃快下的⑥而去堵截⑤的接应。

练习四：三对三夹击接应队员。如图 4-65 所示，当④控制篮板球时，❹上前挥臂封其传球，⑤插上接应，⑥沿边线快下，这时❻放弃快下的⑥，与❺协同夹击接应的⑤。

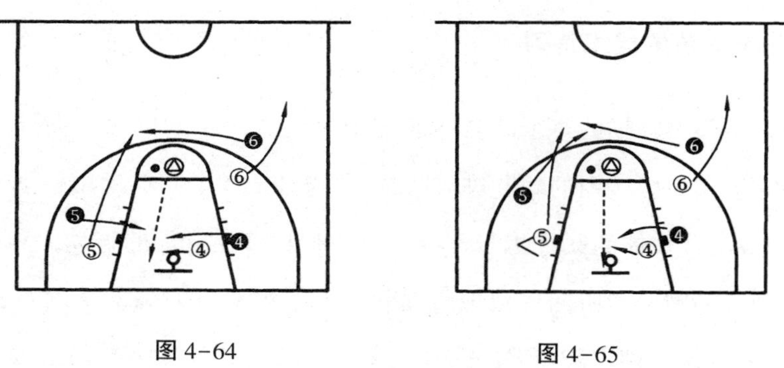

图 4-64　　图 4-65

2. 防守快下队员

如图 4-66 所示，△将球投向篮板，⑤和⑥立即启动，沿边线快下，而❺和❻也随着快退控制后场，教师△投球后立即上前抢到篮板球，并长传给偷袭队员，❺和❻尽力断获对方的长传球。

3. 快攻结束时以少防多

半场二防三练习。如图 4-67 所示，当④把球传给⑤并由⑤运球推进时，❺则从稍偏⑤一侧退守，在退守中要利用假动作干扰对手，当⑤把球传给⑥时，❺立即移动到稍偏⑥一侧。

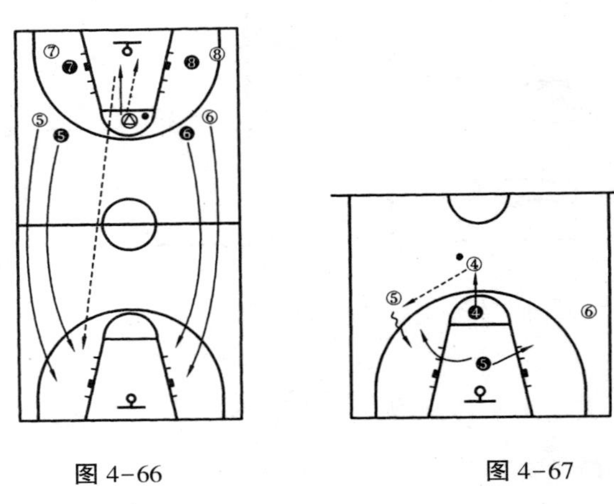

图 4-66　　　　图 4-67

第十节　区域联防

一、区域联防的战术练习

区域联防要求临场的每个队员在防守中要负责一定的区域。在这个区域内，要严密防守进入该区域内的球和进攻队员，并与其余 4 个同伴运用移动补位、换防等配合，构成一种集体的联合防守阵容。防守时队员随着球的移动而移动，5 个队员像被牵动着的网一样协同一致地行动。在不了解对方实力的情况下，采用区域联防战术配合，是一种比较稳妥的防守战术。

(一) 区域联防战术的发展

现代区域联防多采用扩大的防守阵形，一些强队运用的区域联防已扩大了控制区域，并且更具紧逼性、针对性，形成了一项攻击性较强的综合性防守战术。例如，区域联防中的夹击战术已被广泛采用，除内线夹击外，还加强了对外线队员的夹击,即底角夹击和外围中场处的边角夹击。区域联防原有的几种固定形式的防守,已不能满足防守的需要,已经有所发展和变化。区域对位联防,就是在区域联防的基础上发展变化而来的。这种联防是采用联防的站位阵形,但在自己的防守区域内又按盯人的要求去进行防守。这种防守适合于对付各种特点的球队,而且往往会使进攻队分不清对方采用的是何种防守战术,而难以组织有效的进攻。

(二)区域联防时应注意的问题

(1)由于区域联防战术的不断发展,对防守队员的脚步移动、抢断球、“盖帽”、抢过等个人的防守技术提出了更高的要求,为此,必须狠下功夫加强队员防守技术的基本功。

(2)临场队员要通过积极的移动、断球、打球以及队员之间的协同防守、补位、“关门”、夹击等配合,来达到破坏对方进攻投篮的目的。

(3)临场队员从本队失球开始,就要立即组织全场有计划地防守和退守。在前场失球后,靠近持球队员的防守队员应立即上前干扰、封堵其一传,防其快攻;其他队员在注意卡两边的同时,尽快退回后场争取稳定防守。

(4)队员退回后场后,要根据对方进攻的阵形,摆好本队相适应的防守阵形。防守中对无球区可远一些、放松一些,对有球区则应近一些和严密防守。应利用换防、补防等配合打破对方以多打少的战术。

(5)对方的球转移到底角时,防守队员要侧重防守底线,严禁对方沿底线突破。若对方已经突破,则要阻挡其向外分球,封堵传球角度,迫使其传高吊球,给同伴造成断球的机会。

(6)当遇到对方进行“背插”时,防守队员应先堵截,后护送,以切断其接球路线。

(7)对方居中策应时,防守队员要采用侧前或绕前防守,卡断其接球路线,迫使对方在外围转移球进攻。

(三)区域联防的防守阵形

区域联防的防守阵形主要有下列4种。

1.“2–3”联防

如图 4–68 所示,⊙表示防守队员及其防守的区域。此联防阵形用来对付外围中投命中率不高,但篮下和两角攻击能力较强的球队较为有效。此联防阵形对于加强本队篮下的防守力量以及有效地控制篮板球也较为有利。

2.“2–1–2”联防

如图 4–69 所示,⊙表示防守队员及其防守的区域。此防守阵形用来对付内线攻击力强,但不善于两翼进攻,以及外围投篮命中率不高的球队较为有效。

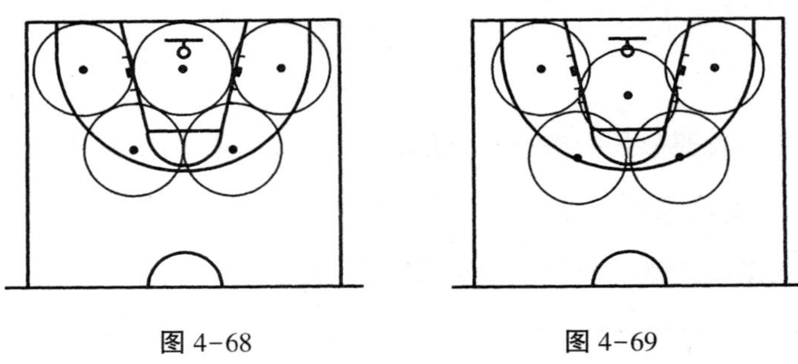

图 4–68　　图 4–69

3.“3–2”联防

如图 4–70 所示,⊙表示防守队员及其防守的区域。此防守阵形用来对付中远距离投篮较准,但篮下攻击力量较弱的球队较为有效。

4.“1–3–1”联防

如图 4–71 所示,⊙表示防守队员及其防守的区域。此防守阵形用来对付外围、中间及两翼投篮较准的球队较为有效,但本队防底线的力量弱,要严密注意对方溜底线。

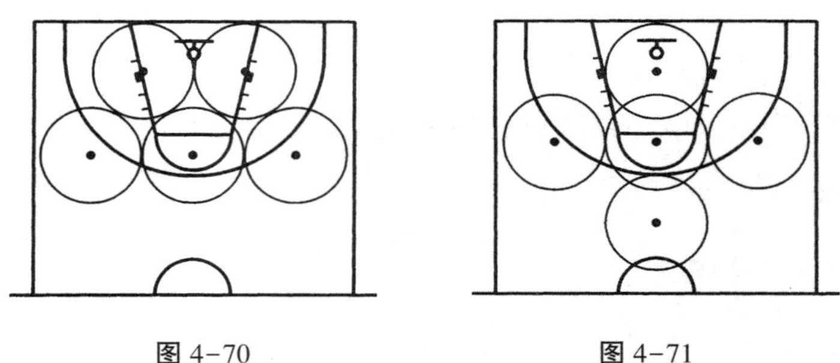

图 4–70　　图 4–71

(四)区域联防战术的练习方法

1. "2-1-2"联防配合练习

练习一:如图4-72所示,当进攻队员④在中圈附近接到⑤的传球时,防守队员❹应向靠近④的位置防守。❺稍向内靠拢,协同❽防守⑧,伺机断④给⑧的传球。❼在严防⑦空切或溜底线的同时,向限制区内侧移动,准备断④给⑦的传球。同时❻也要向上向内移动,在防⑥或⑤空切的同时,注意断④给⑤的传球和准备抢篮板球。❽要严防⑧接④的传球,可采取侧前防守,卡断⑧的接球路线。

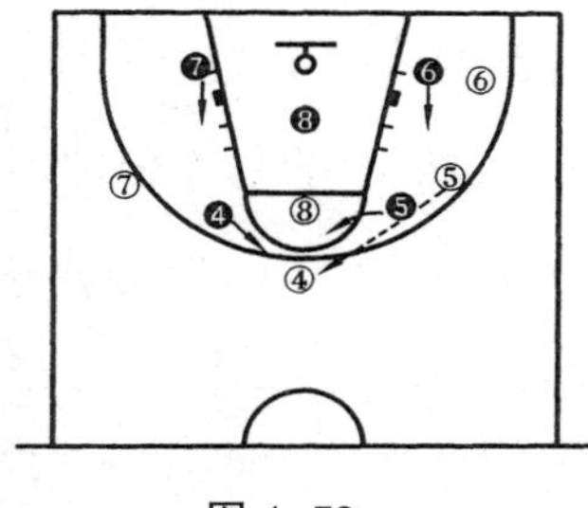

图4-72

练习二:如图4-73所示,当④将球传给⑤时,❺要上前紧防⑤,阻止其中投、传球或突破。❹应向内向⑤移动,协同❽防⑧。❼此时应向内稍移,严防⑦空切到限制区接⑤的传球,并注意断⑤传给⑧的高吊球。❻要严防⑥溜底线和伺机断⑤给⑥的传球,并注意当⑤运球突破时,与❺进行"关门"防守。❽要严防⑧接⑤的传球,可采用侧前防守,卡断⑧的接球路线。

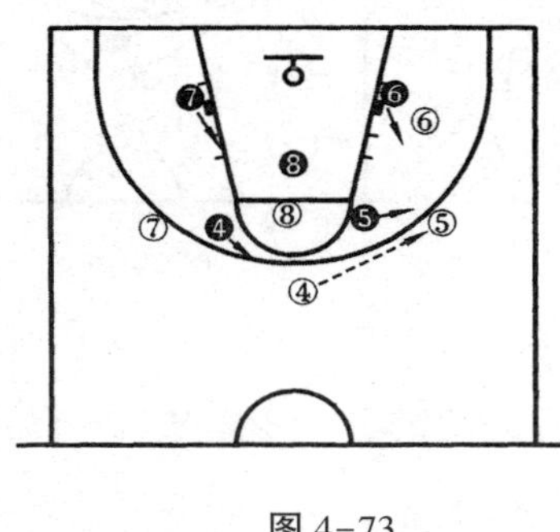

图4-73

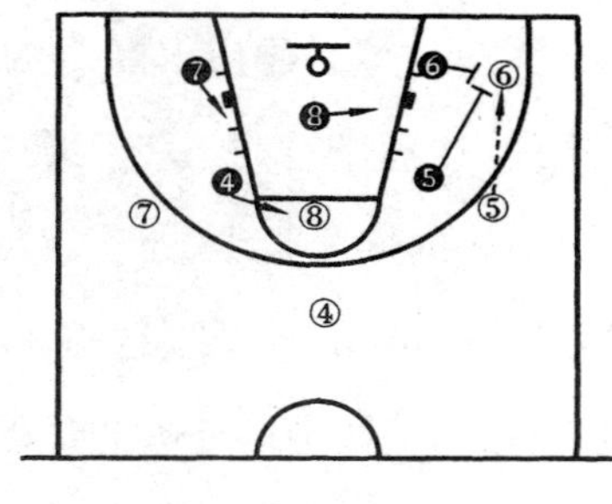

图4-74

练习三:如图4-74所示,若⑤将球传给在右侧底角的⑥,防守队员❻要紧防⑥从底线运球突破,并伺机断⑥给⑧的传球。同时❺要果断上前与❻一起夹击进攻队员⑥,阻挠其传球,并伺机断⑥给⑤的传球。❼要向内移动,防⑦或④空切。❹要及时补位防守⑤,严防⑤空切向限制区接⑥的传球投篮。❽要严防⑧下移接

⑥的传球,可采用侧前防守,卡断其接球路线。

以上练习可从左右两侧轮流进行,开始可只用一名进攻队员持球运球,在每个位置上进攻,防守的 5 个队员根据进攻队员持球的位置不同,采取相应的防守位置。配合熟练后,再进行五对五的攻守练习。每练习 5 分钟后,两组交换攻守位置进行练习。

要求:计算每 5 分钟内,防守失败的次数。以居中策应成功投篮、空切成功投篮、溜底线成功投篮、背向插入成功投篮,为防守失败一次。

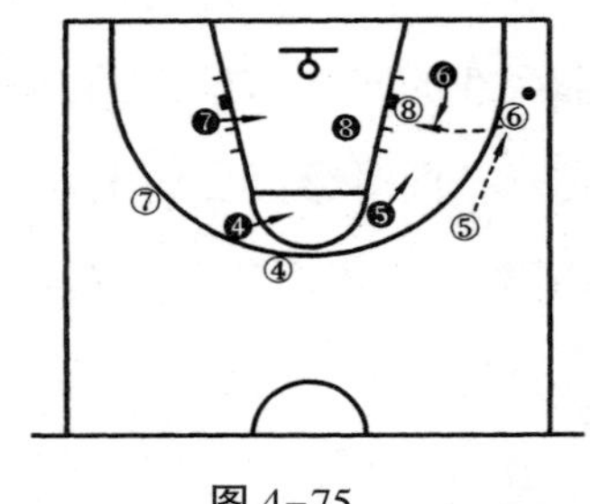

图 4-75

练习四:如图 4-75 所示,⑥将球传给⑧时,❽来不及绕前防守⑧,此时❻应在防⑥溜底线的同时向⑧靠拢。❺也要向⑧靠拢,与同伴❻、❽形成三角协防,阻挠⑨投篮和断其传球路线。❼此时应向内靠拢,❹应向⑤移动,词时防④或⑤的空切,并抢占断球路线。

2. “1-3-1”联防配合练习

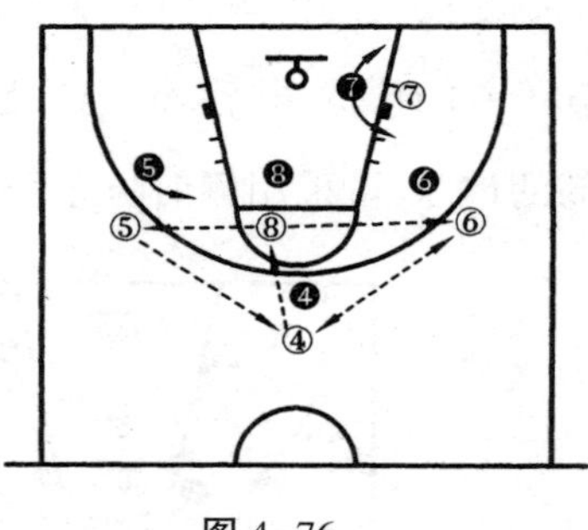

图 4-76

如图 4-76 所示,进攻队员⑧在罚球线附近得到传球时,❽应在⑧后严防,封其投篮、防其突破和影响其策应传球。❼应卡断⑦的接球路线,并防⑦溜底线,注意进行“护送”。❹、❺、❻要分别卡断自己对手的接球路线。

要求:进攻队员④、⑤、⑥在外围传球,⑦来回溜底线,⑧在移动中插中接外围队员的传球后进行策应。⑧接球后 5 秒内不能处理球时,算防守组防守成功一次。进攻组传球失误,也算防守组防守成功一次。每练习 10 次后,两组交换攻守位置进行练习。计算防守成功的次数。

3. “3-2”联防配合练习

练习一:如图 4-77 所示,球在队员⑤手中时,❹应近前严防⑤,以影响其传球给⑧,破坏其中投或突破投篮,同时❻要向内侧移动,抢占⑧的接球路线,防⑧接⑤的传球。❽则要侧前防守,阻挠⑧接⑤的传球。❺要向④移动,防④空切。❼要防⑦溜底线和空切，同时注意⑥空切接⑤的传球，并抢占其接球路线。

练习二：如图 4-78 所示，若球传给在 45°角进攻的队员④时，❹应上前近防，防④中投，破坏其传球给⑧，❻应向⑤移动，防⑤空切。❼应向内移动防⑥或⑦空切。❺此时应防⑦溜底线，❽应侧前防⑧，抢占其接球路线。

图 4-77

图 4-78

练习三：如图 4-79 所示，⑤将球传给边角的④时，防守队员❹与❺应立即上前进行夹击，阻其突破或传球，此时❼应上提，防⑦空切或接④的传球，❻应向⑤靠拢防⑤空切，同时也要防⑥空切。❽也要侧前防守，伺机断④给⑧或⑤给⑧的传球。

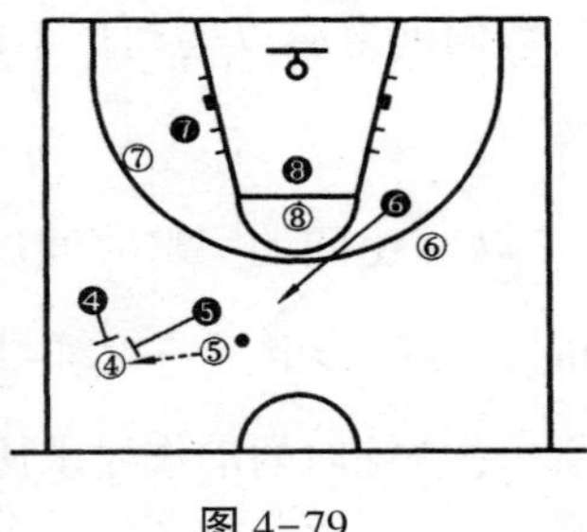

图 4-79

要求：进攻队员可从两侧交替发动配合练习，每练习 10 次后，两组交换攻守位置继续进行练习。计算每组夹击成功的次数（以进攻组违例或传球失误为防守成功一次）。

第十一节 身体练习

一、篮球专项力量训练

由于速度力量是力量和速度有机结合的一种特殊力量素质，因此具有速度和力量的综合特征。运动员在完成某一个动作时所用的力量大、速度快，则其所表现出的速度力量就大。只有使最大力量和最快速度两方面都提高，才能取得速度力量训练的最佳效果。训练中提高力量相对比提高速度容易一些。因此,提高速度力量往往广泛采用发展力量的练习,在力量提高的同时注意发展动作速度。

速度力量训练的主要方法,一是负重练习,二是不负重练习。

(一)负重练习发展速度力量的方法

(1)负荷强度(负重重量)要适宜。负重过大必然影响动作完成的速度,负重过小又难以表现出速度力量。一般多采用本人最大力量的 40%～60%的强度,这可兼顾力量和速度两方面的发展。练习中还应要求运动员尽量体会最大用力和最大速度感,如要发展爆发力,其强度伸缩性较大,既可用较大的负荷强度,也可用低于 40%的强度。在使用较大的负荷强度,如 70%的强度训练时,要注意动作完成的速度。如动作速度变慢,动作变形,则减小重量,或停止练习。

(2)合理安排练习的次数和组数。通常每组重复练习 5～10 次,做 3～6 组。但组数的确定应以运动员不降低完成动作的速度为限,如动作速度下降,则可停止练习。

(3)组间的间歇时间应较充分,但也不宜过长。过长会导致中枢神经系统兴奋性下降,影响下一组练习。组间的间歇时间通常为 2～3 分钟。

(4)练习的动作要求协调、流畅、正确,并尽量与专项技术动作结合。

(二)不负重练习发展速度力量的方法

不负重练习可采用发展下肢速度力量克服自身体重的练习,如单、双足跳台阶和跳深练习等;也可采用发展上肢和躯干的练习,如投掷重复出手、排球扣球的鞭打练习。用小重量,如垒球、小石块、小哑铃、滑轮拉力器等练习,以通过发展动作速度发展力量为目的训练也可包括在内。

(1)跳深练习。主要用于发展下肢速度力量,特别是爆发力。训练实践中多采用跳深和连续不停顿地跳过障碍物的方法。

跳深练习实际上是一种超等长的练习方法,也就是先使肌肉做离心工作(即拉长肌肉),紧接着做向心工作(即肌肉缩短),这可动员更多的运动单位参加工作,使肌肉产生短促而有力的收缩,表现出很大的爆发力。

跳深练习一般可从50~60厘米的高度跳下,双足落地后,立即往另一个1米左右的高度上跳。落地时主要用脚掌先触地,而后过渡到全脚。注意防止脚跟先着地,避免脚跟挫伤和脊椎震动过大造成运动损伤。以6~10次为一组,做6~10组,组间间歇2~3分钟。

连续跳越障碍物的高度要适宜,障碍物的间距以不停顿能连续跳过下一个障碍物为准。跳台阶(楼梯)也要保持动作的连续性和具有爆发用力的特征。这些练习可用双足跳,也可单足跳。练习前要做好充分的准备活动,防止肌肉拉伤和踝关节扭伤。

(2)完成专项比赛性动作的快速练习。这种练习可以是徒手的,也可以带轻器械,轻器械的重量一般不超过比赛器械。其目的主要是通过发展动作速度来发展快速力量。练习可6~10次为一组,做6~10组,组间间歇2~3分钟。练习中要注意动作快速有力,并符合专项比赛动作的技术要求。

二、篮球专项速度的训练

篮球运动技术动作速度(动作速率和转换动作的速率)主要有单个技术动作速度和组合技术动作速度。单个技术动作速度对组合技术动作速度有决定性影响,篮球运动技术结构关键技术环节的速度都是以快速完成动作为基础的,因此,发展篮球技术动作的速度要重点提高关键技术环节的速度。提高动作速度的训练方法有以下几种。

(1)反复加强单个动作的关键环节和组合动作的衔接动作速度,提高完成动作速度,如运球中变向后的加速、投篮快出手、传球的抖腕和挤过中的跨步移动等。

(2)提高完成动作的频率。在规定的时间内完成动作的次数,或者在规定完成的动作次数中缩短完成的时间。如在距离墙3米处1分钟内完成传球60次以上;又如两点原地运球,运动员两脚开立比肩稍宽,运球至左右脚的外侧,30秒完成30次以上等。

三、篮球专项耐力素质的训练

重复负荷法的基础是无氧代谢。负荷最大心率达28次/10秒以上,组间休息

5 分钟左右,心率下降至 15 次/10 秒左右,再进行下一次的负荷刺激。如 400 米做 5~10 组,计时。采用不同的强度安排各种重复性的练习。在篮球训练中常有 3 人直线快攻,可安排 1~5 个往返,每组逐步增加往返次数,然后由最大到最小,强度随重复往返的次数而增减。

四、篮球专项灵敏素质的训练

专项灵敏素质的训练目的是形成最有利的篮球专项移动动作的姿势,提高各种运动动作的平衡和身体重心的转移能力。如持球的基本姿势,防守的基本姿势,采用滑步、交叉步、抢断球、变向跑、变速跑等发展身体重心的转移能力。

五、篮球专项柔韧素质的训练

专项柔韧素质的训练可以采取主动性练习法。主动性练习法是通过人体肌肉的快速收缩所获得的惯性,使肌肉的放诊部位获得牵拉。主动性练习法包括以下内容。

(1)做各种摆动和振动练习,如各种踢腿、绕环、推墙等。

(2)协调发展关节周围小肌群轻力量,使参加完成动作的肌群与放松的对抗肌协调配合,并利用放松的惯性力,使关节的柔韧达到最大限度。如手腕力量练习,使手背肌群放松,并使手背肌群牵拉,爆发性惯性越大,肌群拉伸越大。

第十二节　篮球游戏

一、原地胯下左、右运球

(一)练习目的

提高运球技术。

(二)练习方法

如图 4-80 所示,队员两腿前后开立成弓箭步姿势。两手交换运球,使球从两腿之间的地面向左右反弹。

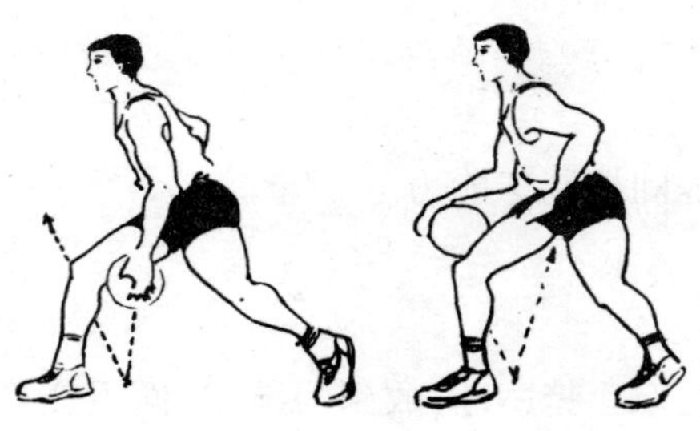

图 4-80

(三)练习要求

两眼不目视球,30 秒内运球次数多为胜。

二、原地胯下前、后运球

(一)练习目的

提高控制球能力。

(二)练习方法

两腿左右开立,两手分别在身前和身后交替运球,如图 4-81 所示。

图 4-81

(三)练习要求

同原地胯下左、右运球。

三、胯下"8"字形运球

(一)练习目的

熟悉球性,培养在腿间控制球能力。

(二)练习方法

队员两腿左右开立,双手持一球,放到两腿间,两手交换在腿间"8"字形围绕,如图4-82所示,反复进行。

图4-82

(三)练习要求

(1)两脚平行或前后开立稍大于肩,下蹲头部抬起。双眼只盯住球者一次罚2个俯卧撑;

(2)目标是在30秒内做35次以上。失败者接着练习,不准停球。

(四)建议

根据队员水平,可逐渐减少运球次数。如开始可以运球3~4次绕1圈,直至减到运1次绕1圈。

四、原地双手同时运两球

(一)练习目的

培养双手运球和控制球能力。

(二)练习方法

如图4-83所示,两脚左右开立,稍分前后,膝微屈,两手各持1球。练习时,两手同时放球,按同一节拍两手运两球。

图4-83

(三)练习要求

(1)两手必须同时运两球;

(2)运球时必须用手指、手腕控制球;

(3)运球中失误丢球时,拾起球继续进行。

五、死球拍"活"

(一)练习目的

提尚手指、手掌控制球的能力。

(二)练习方法

身体自然下蹲,将两球平稳地放在地面上,两手触击球的上部,用手指和手掌前部连续拍击球的上部,使球由静止状态反弹起来,然后原地运2个球。反复练习,如图4-84所示。

图 4-84

(三)练习要求

(1)只能用手指、手腕的力量快速拍按球,使球变“活”,不得把球拿起来;

(2)同队队员间已把球拍“活”的队员木能去帮未把球拍“活”的同伴把球拍“活”;

(3)不得以任何方式干扰对方拍“活”球;

(4)违反上述规定者为犯规,凡犯规者罚其把球连续拍“活”3次。

六、见线折返跑

(一)练习目的

提高启动速度,练习急停和转身技术,发展快跑能力。

(二)场地器材

篮球场1个。

(三)练习方法

把队员分为人数相等的两队。游戏开始的信号发出后,两队排头第一人立即启动,快跑到罚球线急停——转身——跑回原端线——急停——转身——快跑到中线——急停——转身——快跑返回原端线——急停——转身——快跑另一罚球线——急停——转身——快跑返回原端线——急停——转身——快跑到另一端线——急停——转身——快跑返回原端线击该队第二人的手。该队第二人按同样的方法和路线快跑,以后全队顺次进行,直至全队轮完。先轮完的队为胜。

(四)练习要求

(1)必须跑到规定位置用一脚或用一手摸地才能折回;

(2)前后交接必须击掌为号,否则返回击掌后再启动;

(3)必须完成规定的折回次数;

(4)违反上述规定者为犯规,凡犯规者罚其在最后重跑一次,否则取消比赛资格。

(五)建议

(1)可根据参加游戏的人数多少多分几个队进行比赛;

(2)可采用三盘两胜制或五盘三胜制,或者计分的方法决定最后胜负。

七、喊号抢位

(一)练习目的

训练迅速移动,抢占位置的能力。

(二)场地器材

篮球场1个。

(三)练习方法

在场地上画一个大圆圈,直径大小按参加人数而定。先指定一个喊号的队员,其余队员分别均匀地站立在圆圈上。在圆圈上的学生一、二、三报数,自己记住号数。

如图4-85所示。游戏开始时,喊号人站在大圆圈中间叫号,被叫到同号的人,必须离开原位并设法抢占他人的位置,喊号人也趁机抢占一个位置,没有占到位置的队员就担任喊号人,在规定时间内,没有担任过喊号人的或喊号次数少的队员为优胜者。

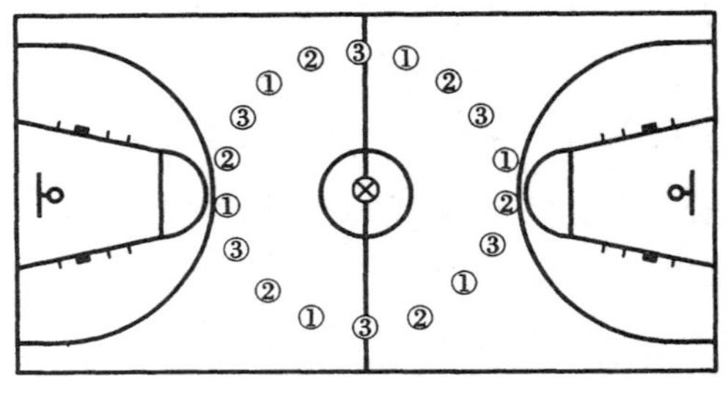

图 4-85

(四)练习要求

(1)喊号后,被喊到号的必须离开原位去抢占他人的位置;

(2)换位时不得以推拉动作将已抢到位的人推离位置而自己占据,违者按未抢到位论处。

八、转身跑

(一)练习目的

巩固转身跑技术,增强动作的协调性。

(二)场地器材

篮球场 1 个,标志物 6 个。

(三)练习方法

如图 4-86 所示,在球场两半场的罚球线延长线外侧,中圈与中线交点处分别穿插摆设 3 个障碍物;队员分成人数相等的两队,各成纵队面向场内站立于同一端线后。游戏开始,两队排头第一人立即启动,先后在经过的 3 个标志物前做转身跑,跑至端线折回;同样在 3 个标志物前再做转身跑,跑回原起点击第二人的手;第二人按同样方式和路线做转身跑,直到全队轮完一次,先轮完的队为胜。

(四)练习要求

(1)必须在标志物前作前转身或后转身跑,不得绕过或碰触标志物,否则返回重做；

(2)必须脚踩端线方能折回,否则返回重做；

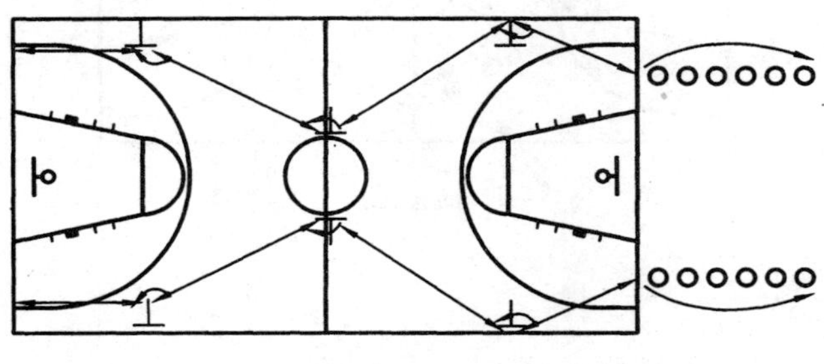

图 4-86

(3)必须前一人掌击下一人的手,下一人方能启动,否则返回重新启动；

(4)必须有一脚踩前场端线才能返回,否则犯规,犯规者在该队最后重做 1 次。

九、球追球

(一)练习目的

提高快速传、接球能力。

(二)场地器材

篮球场 1 个或平整的空地 1 块,篮球 2 个。

(三)练习方法

如图 4-87 所示,把队员分为人数相等的两队,相互交错站成一个圆圈,圆圈的直径 10~12 米,每队各出 1 人,手持 1 球,背对背站立在圆圈中央。游戏开始,圆圈中的队员按同一方向传球给本队每一个人,该队的每个队员接球后又把球回传给圈中人,连续进行。两队所传的球互相追赶,超越对方的队为胜。

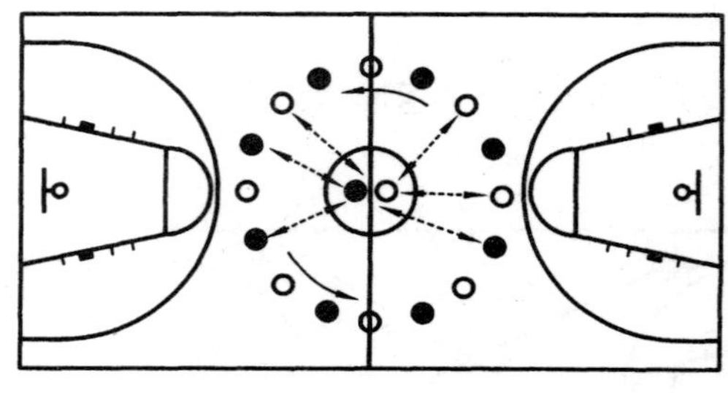

图 4-87

(四)练习要求

(1)圈中人只能在中圈内移动和逐一把球传给本队同伴。

(2)任何人不得故意干扰对方传球,否则算失败。

(3)传球失误或违例均算该队失败。

(五)建议

(1)可视队员情况规定传球方式或具体要求;

(2)改为不围圆圈站立的队形,以同样方法进行游戏。

十、三角传球

(一)练习目的

提高传、接球能力。

(二)场地器材

篮球场 1 个或平整的空地 1 块,每 3 人 1 个篮球。

(三)练习方法

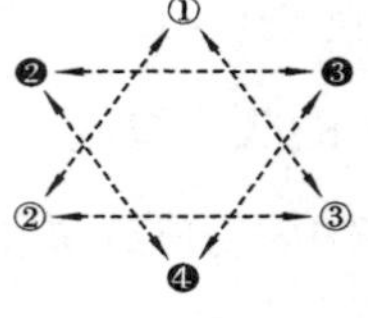

图 4-88

将全队以 3 人一组分成若干小组,两个组交错站位。如图 4-88 所示,队员相距 3~4 米,每人持一球,①传②,②传③,③传①,❶传❷,❷传❸,❸传❶,如此反复进行,先失误队为输队。

（四）练习要求

（1）传、接球方式根据教师要求进行；

（2）必须站在三角形的顶点上进行传、接球，不准踩线或过线。

十一、圈内“一防二”传、接球

（一）练习目的

掌握隐藏传球技术，提高传、接球动作速率。

（二）场地器材

篮球场1个或平整的空地1块，每3人1个篮球。

（三）练习方法

三人一组，两人传球，一人来回防守。如图4-89所示，防守队员必须积极防守，干扰和封断进攻队员的球。进攻队员运用各种传球方式通过防守人把球传给同伴。如果其中一个传球人的球被防守者抢到，则两人互换角色继续进行。

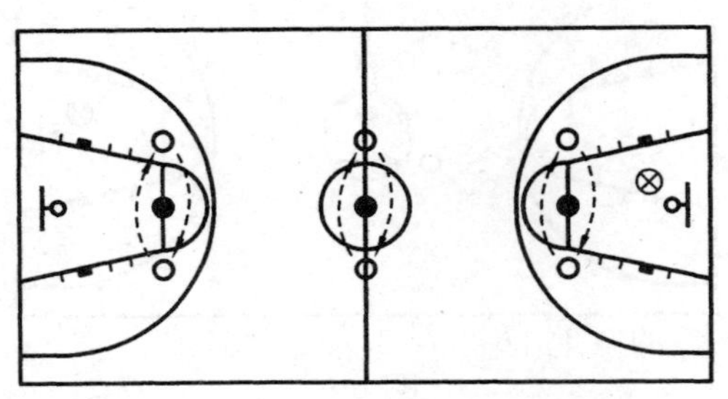

图4-89

（四）练习要求

（1）两传球人不得拉大传球距离，违者算失误；

（2）只能用各种隐蔽传球方式进行传、接球，不得传高球，否则算失误；

（3）只能在规定地方的附近进行传、接球，不能运球躲避防守，否则算失误；

(4)防守者只要触及球就算抢到球。

十二、圈内"二防三"传、接球

(一)练习目的

提高在对抗中传、接球的准确性和动作速率。

(二)场地器材

篮球场1个,篮球1个。

(三)练习方法

把队员分为5人一组,其中3人为传球者,其余2人为防守者,位于三角形内准备抢球。如图4-90所示,游戏开始,外围3人用各种方式传球,不让2名防守者抢到球,2名防守者则积极防守、抢断传球者的球,直到球被防守者抢到,或传球者传、接球失误。2名传、接球失误的传球者与原来的2名防守者互换攻防继续进行游戏。

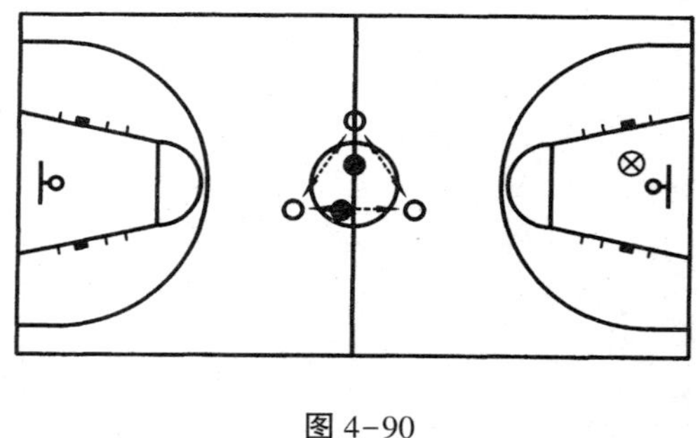

图4-90

(四)练习要求

(1)外围3个传球人不得拉大相互间的距离,但可以用原地运球避开防守者的抢球;

(2)可用任何方式传球,但球在手中停留不得超过5秒;

(3)两名防守者只有把球抢到手才算有效。

十三 、传球接力

(一)练习目的

掌握传、接球基本动作方法和基本技能。

(二)场地器材

篮球场1个,篮球4个。

(三)练习方法

如图4-91所示,把队员分为人数相等的4队,分别站立在球场半场的两边线、端线、中线后,4队均面向场内成四方形站立,每队各由一人手持一球面向本队站立于罚球圈内。

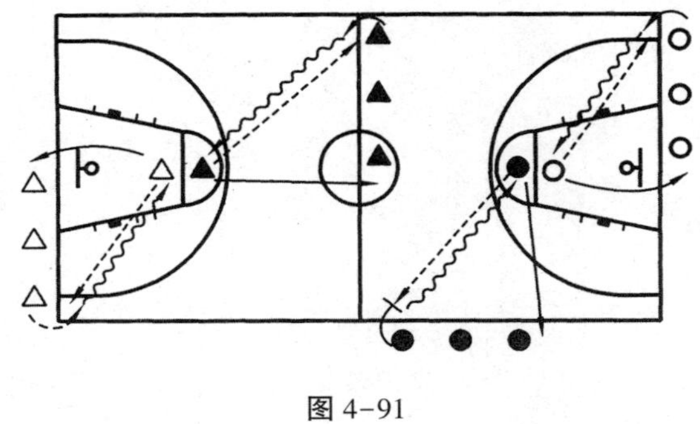

图4-91

游戏开始,圈中的队员按规定动作把球传给本队第一人后,即跑回本队队尾,接球者接球后马上启动把球运至圈内,再按同样的规定动作把球传给本队第三人,然后自己回到队尾。如此循环下去直至全队每人做1次,先做完的队为胜。

(四)练习要求

(1)传球或接球都不能越线,否则犯规者必须重做1次;

(2)传、接球失误,由失误的两人回到原处重做1次;

(3)只能用规定的传球方式进行传、接球,否则犯规者必须重做1次。

(五)建议

可规定以下传球方式:

(1)原地或跳起双手胸前传接球;

(2)体侧传球;

(3)原地或跳起单手肩上传球;

(4)勾手传球;

(5)原地或跳起双手头上传球;

(6)推拨传球或反弹传球。

十四、三次投篮

(一)练习目的

强化投篮技术,发展专项耐力。

(二)场地器材

篮球场 1 个,篮球 2 个。

(三)练习方法

如图 4-92 所示,将队员分为人数相等的两队,在同一半场的两个零度角成纵队排好,排头的各手持一球。游戏开始,排头队员原地投篮并冲抢篮板球,之后运球到对面半场上篮,上篮后自抢篮板球并立即罚球 1 次,罚球后冲抢篮板球,长传给本队下一名队员。每次投篮如未中,都不补篮,也不重投。每投进 1 球得 1 分,长传回本队的球传出界外扣 1 分。依次进行。

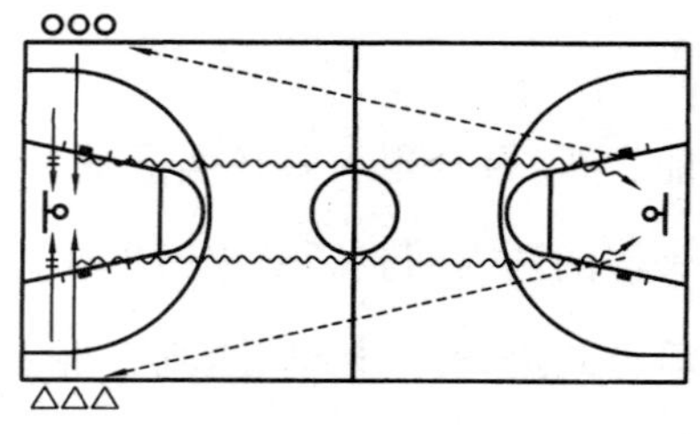

图 4-92

(四)练习要求

全队先投中 30 分者为胜。一局结束后,交换位置开始第二局,三局二胜。

十五、长传上篮

(一)练习目的

提高上篮命中率,培养准确的长传球能力。

(二)场地器材

篮球场 1 个,篮球 2 个。

(三)练习方法

(1)将球场按纵轴分为两部分,把队员分为人数相等的两队,各自在本队的半边球场的中线角上站成横队,每队派一名队员在篮下手拿一球,准备传球。

(2)游戏开始,如图 4-93 所示,①、❶运球出罚球线并长传给②、❷上篮。②、❷接到球直接上篮投中得 2 分,接球后运球上篮投中得 1 分,传球出界扣 2 分。①、❶传球后到本队队尾排队。②、❷投篮后,不论投中与否,都要自抢篮板并运球出罚球线,长传给③、❸上篮,如图 4-94 所示,然后到本队队尾排队。依次进行,全队先投满 30 分者为胜。

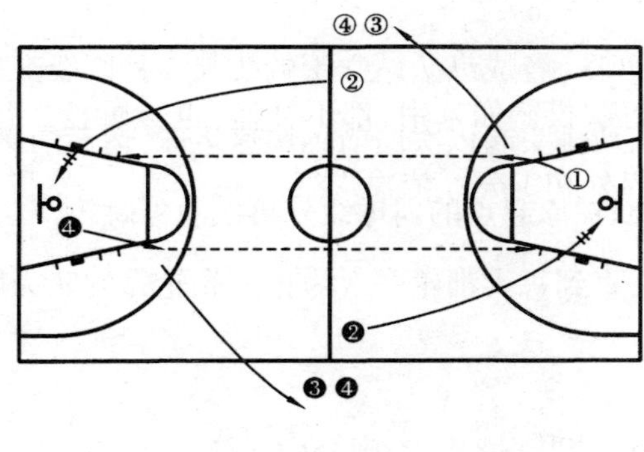

图 4-93

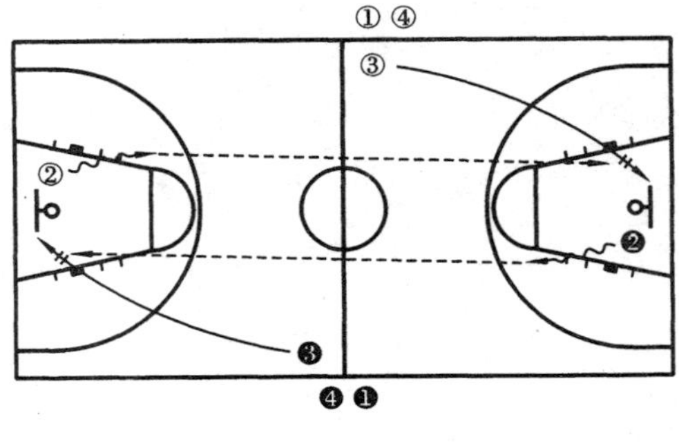

图 4-94

(四)练习要求

长传球时不能超过罚球弧顶。长传球出界时,上篮队员必须把球拣回,但不能再投篮,只能到篮下开始运球、传球。

十六、运球急停跳投

(一)练习目的

提高快速移动中急停跳投的命中率。

(二)场地器材

篮球场 1 个,篮球 2 个。

(三)练习方法

分为人数相等的两队,各成纵队站立于端线与 3 秒区线交接点外,排头队员持一球。游戏开始,各队从排头起依次向前场快速运球,运至前场罚球线处做急停跳投。投中后再运球返回在原起点的罚球线外再次急停跳投。投中后把球交下一个队员。全队依次进行,直到每人都轮一次为止。先轮完的队为胜。

(四)规则

(1)必须在两罚球线起跳投篮,否则命中无效;

(2)必须投中才能返回或把球交下一个队员,否则罚其重做;

(3)不得走步、两次运球,否则命中无效;

(4)若跳投不中,不得在篮下直接补篮,必须运出罚球线外再次跳投。

(五)建议

(1)可根据实际情况加长或缩短跳投距离;

(2)可改为在规定时间内投中次数多的队为胜。

十七、左、右手运球过标志物

(一)练习目的

提高左、右手运球能力。

(二)场地器材

篮球场1个,篮球2个,标志物6个。

(三)练习方法

如图4-95所示,在球场的两个半场的篮下,三分线外的左、右两侧,约与球篮成60°角的两点处,分别放1个标志物,再在球篮下的端线外放第三个标志物。把学生分为人数相等的两队,各成纵队站立于半场的中线后,各面向一个球篮,排头队员各持一球做好准备。

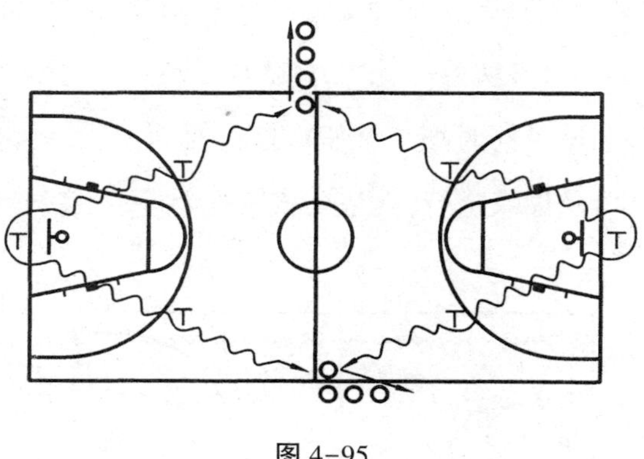

图4-95

游戏开始,从排头起依次按下面要求运球:左手运球启动至第一个标志物前做体前变向换手运球——右手运球绕过篮下的第二个标志物——球交左手运至第三个标志物前用左手运球后转身——球交右手运至中线折回运到第三个标志物前做体前变向运球，用左手运到篮下绕过标志物——左手运至第一个标志物前做体前换手变向运球——右手运球返回原出发点——球交下一个同伴继续同样的比赛。直到全队每人做一次后，以速度快的队为胜。

（四）练习要求

（1）必须按规定进行运球，否则为犯规，判其最后重做 1 次；

（2）凡运球失误或碰倒标志物，应在原地处理好后方能继续前进，否则为犯规，判其最后重做 1 次。

十八、2 人运 3 球接力赛

（一）练习目的

提高运球技术和培养动作的协调性。

（二）场地器材

篮球 6 个。

（三）练习方法

将队员分成人数相等的甲、乙两个队，如图 4-96 所示，各成两路纵队站在端线处，面向球场。比赛开始，各队第一、第二名队员手持 3 个篮球。教师发出口令后，各队的第一名、第二名队员同时把 3 个篮球运往对面端线后，再运回交给第三名、第四名队员，按上述方法继续进行，直至全队完成为止。最后，以先完成为胜。

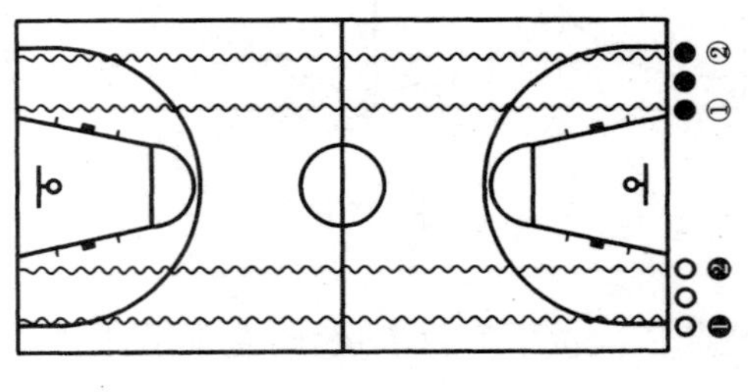

图 4-96

(四)练习要求

(1)各人除运一球外,中间一个球必须由两人交替运球前进,3 个球要同时运到对面的端线后再返回。

(2)3 个球中如有 1 个球滚出界外,要捡回来,在失误处开始继续向前运球。

(3)两人要密切配合,不能带球跑。

(五)建议

(1)编组时,应将身高、运球技术相仿的队员分为一组;

(2)在运球过程中,为使两人能协调动作,可自喊口令。

十九、双脚跳绳接力

(一)练习目的

提高跳跃能力和动作的协调性。

(二)场地器材

篮球场 1 个,跳绳若干根。

(三)练习方法

将队员分成人数相等的两队,分别成纵队站在篮球场的端线外,排头队员持绳做好准备。听到出发口令后,双脚跳绳到前场端线然后返回,把绳交给第二名队员,第二名队员按同样方法进行。两组都完成后,以速度快慢分胜负。

(四)练习要求

(1)只许双脚跳,不许单脚跳;

(2)交绳必须在端线以外。

(五)建议

(1)如器材允许,每人 1 根跳绳。

(2)可采用其他跳法或几种跳法相结合进行。

二十、双人蹲跳

(一)练习目的

提高协调性及下肢力量,培养相互协作能力。

(二)练习方法

在场地上划两条相距 5 米的平行线,分别为起跳线与折回线。将队员分成人数相等的两队,各成两路纵队站在起跳线后。每队由第一组开始,两人背对背下蹲,并以两肘相挎,准备做蹲跳。如图 4-97 所示,游戏开始,听到口令后,两人同时协调用力向折回线跳进,跳过折回线后,再迅速跳回。以先跳回的组为胜,胜者得 1 分。游戏按照上述方法依次进行,最后以积分多的队为胜。

图 4-97

(三)练习要求

(1)蹲跳时两人不得站起;

(2)必须两人都跳过折回线,才能折回。

(四)建议

(1)游戏前,应试做双人蹲跳动作。要求队员两人肘要挎紧,跳跃时要协调一致。可以轻声喊“1、2,1、2”以协调用力。

(2)双人蹲跳也可改为侧向的蟹行动作,即两人左、右脚同时依次向侧向走或跳进。

二十一、包、剪、锤

(一)练习目的

提高弹跳力及灵敏性。

(二)场地器材

场地1个。

(三)练习方法

将队员分成人数相等的两组,成两列横队左右间隔1米,两组相距2米对面站好,如图4-98所示。

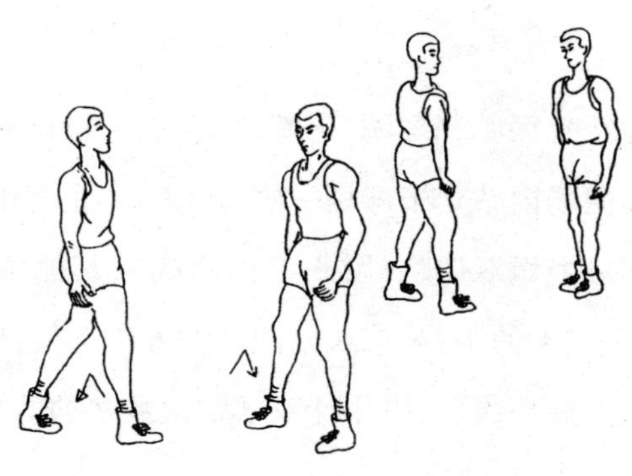

图4-98

教师有节奏地喊"1、2、3"。当喊"1、2"时,都用力向上跳,喊"3"时落地成下列3种姿势:两脚并拢落地,代表锤子;两脚前后分开落地,代表剪子;两脚左右分开落地,代表包袱。

根据两脚落地的姿势判别胜负,锤子胜剪子,剪子胜包袱,包袱胜锤子,胜得多者为胜。

(四)练习要求

必须按教师口令做。如果动作过慢,则判为犯规。

(五)建议

(1)跳得尽量高些,在未进行比赛前,可以先做几次,动作熟练后再比赛。

(2)也可安排每跳一次,胜者前进一步,负者退后一步。这样经过一阵角逐,两队的胜负便会一目了然。

二十二、双摇跳绳接力

（一）练习目的

锻炼连续弹跳能力、下肢力量和协调性。

（二）场地器材

场地 1 个，跳绳 3 根。

（三）练习方法

在球场上的 3 个圆圈（两个罚球圈、中圈）内各放一根跳绳，把队员分成人数相等的 3 组，各成横队面向场内站立于球场一侧边线外。游戏开始，各队排头队员首先启动，跑到圈内拿起跳绳做双摇跳（跳一下摇两次），其他队员数数，中断后马上放下跳绳跑回本队击第二人的手，第二人以同样的方法进行，但要接着前面的人的数字累计，直至全队每人做一次后，以累计双摇跳次数多的队为胜。

（四）练习要求

（1）必须用双摇跳方法，否则不计其个数。

（2）必须按顺序每人跳绳 1 次，不得相互代替，否则不计其个数。

（3）如有人能做“三摇跳”，则计数加倍，即 1 次“三摇跳”等于 2 次双摇跳。

（五）建议

（1）可改为计算个人比赛成绩的方法；也可改为每人到圈内双摇跳并规定次数，以先完成的队为胜。

（2）根据队员情况可放宽规则，例如，不要求连续双摇跳，允许中间加一圈跳以后继续双摇跳，中间加一圈跳称为“空跳”，不计入累加数字内。

（3）如器材允许，可改为每人一根跳绳同时进行，分队累加后定胜负的办法。

二十三、“织布机”

(一)练习目的

发展肌肉的弹性,培养快速协调能力。

(二)场地器材

篮球场1个。

(三)练习方法

如图4-99所示,队员面对面手拉手,一人全蹲,一人站立。教师发出口令后,下蹲者迅速站起,站立者迅速下蹲,形成一蹲一起的有节奏的起伏。在规定的时间内看哪一组蹲起的次数最多、最协调为胜。

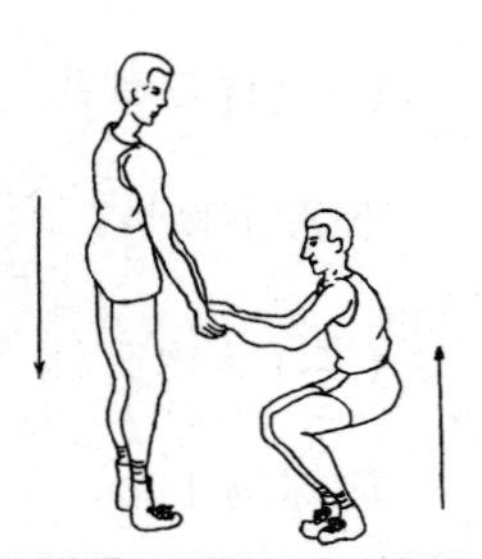

图4-99

(四)练习要求

如同时上下做蹲、起,则判失败,不计分数。

要求全蹲,且下蹲时不得提脚跟。

(五)建议

可3人一组,两人做练习,一人做裁判。

二十四、肩回环

(一)练习目的

改善柔韧性。

(二)场地器材

篮球场1个,圆棍数根(棍长1.5米)。

(三)练习方法

双手在身前按某种宽度持一圆棍,双臂伸直握棍向上运动,并从头上向后摆动，当棍接触臂部后再从头上向身前摆动，在这期间双手不得移动握棍位置，然后教师记下双手握棍的距离，双手握棍距离近者为胜。

(四) 练习要求

凡双手握棍位置移动者成绩不算。

二十五、体前屈

(一) 练习目的

改善柔韧性。

(二) 场地器材

篮球场 1 个。

(三) 练习方法

两人一组相对坐在地上，两腿伸直，两脚与对方双脚接触，上体向前倾，双手手臂伸直与对方手指相扣保持静止，保持时间长者为胜。

(四) 练习要求

两腿不得分开或弯曲。

(五) 建议

根据具体情况可用两手触摸或握住脚尖。

二十六、“三条腿”走路

(一) 练习目的

提高柔韧性和协调能力。

(二) 场地器材

篮球场 1 个。

(三)练习方法

把全队分成2人一组的若干组,2人肩并肩,相邻的手相互搂住同伴的后颈,两腿分开,上体前倾,外侧手从相邻的两腿后面紧紧拉住,形成2人“三”条腿分别站在球场同一端线后。听到出发的信号后,各组以此三条腿走路的方法向前行进,以到达场地另一端端线的先后顺序排列名次。

(四)练习要求

(1)在相邻的两腿后紧拉的手不得脱离,否则要在原地接好后方能继续行进。

(2)以两人的“三条腿”到达另一端端线后方为到达终点。

(五)建议

此游戏可改为两队三条腿走路迎面接力比赛。

二十七、原地持球突破投篮

(一)练习目的

提高持球突破能力和意识。

(二)场地器材

篮球场1个,篮球4个,标志物2个。

(三)练习方法

在球场的两个半场的罚球线右侧约与球篮成45°角的地方各放1个标志物,在标志物前约2米处画一条横线。把队员分为人数相等的两队,各成一路纵队站立于各自半场的横,线后面向标志物,排头队员各持一球做好准备。比赛开始,各队排头队员持球突破上篮,此球必须投中。若不中,要补中,投中或补中后即冲抢篮板球,并迅速把球传给本队第二人,然后自己回到排尾。第二人按同样方法进行,直到全队每人完成1次,以先完成的队为胜。

第二回合的方法同第一回合,只是把标志物放在左边,要求队员从左侧用左手突破。若两个回合分不出胜负,则进行第三回合,方法同前,但标志物放在罚球圈顶,可允许队员自选持球突破方式。三个回合中胜两场的队为胜。

(四)练习要求

(1)只能用原地持球突破动作。若用其他动作(如接球跳步急停突破)即为犯规。

(2)突破时不得碰倒标志物,否则为犯规。

(3)两队员互换时只有接到球才能启动,否则为犯规。

(4)其余规定按篮球规则有关规定处理。

(5)凡犯规或违例,该队员必须在最后重做1次。

二十八、连续突分

(一)练习目的

培养在快速移动中提高运球与突破技术的结合运用能力。

(二)场地器材

篮球场1个,篮球2个,标志物4个。

(三)练习方法

(1)场地布置和人员安排:如图4-100所示,在球场罚球线延长线的左右两侧各放1个标志物;在每个标志物所在的罚球圈内各设一固定传球人A、B;把队员分为人数相等的两队,每队又分为甲、乙两个小组,各成纵队站立于球场两端端线后,两队的甲组排头队员各手持1个篮球。

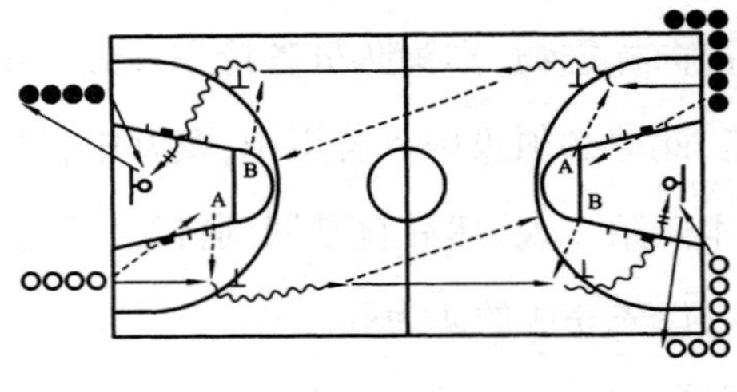

图4-100

(2)游戏进行:发出游戏开始的信号后,从两队排头队员起依次完成以下运、突、传、投的组合动作。

如图 4-101 所示,在原地传球给 A,然后向第一个标志物跑去,在该标志物前接 A 的回传球,做急停后转身突破,把球传给 B,向第二个标志物跑去,在第二个标志物前接 B 的回传球,跳步急停突破上篮,投中(或补中),到乙队队尾,乙队第一个同伴去抢篮板球,把球传给 B,以同样方法和路线返回。再由第二名队员继续,以后依次是:甲 2、乙 2、甲 3、乙 3。直至全队每人完成 1 次,先轮完的队为胜。

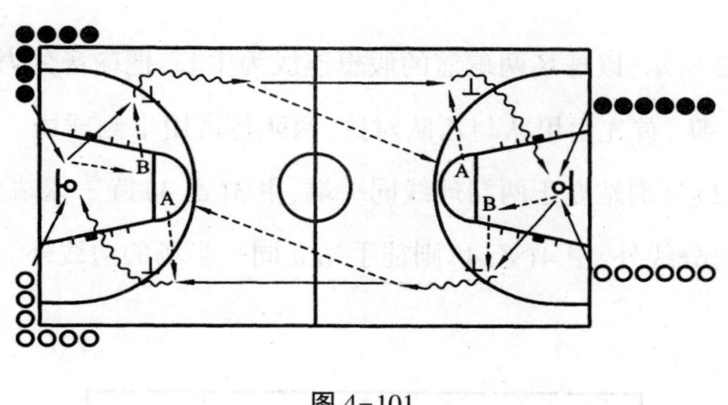

图 4-101

(四)练习要求

(1)必须规范完成在每个标志物前的突破和运球突破动作,否则返回该标志物前重做 1 次;

(2)每个人必须做一次“上篮”,而不能是其他投篮动作,否则从中场起重做 1 次;

(3)传接球或运球失误,允许把球捡回后在失误地点继续做规定动作,否则从头再做;

(4)不得绕过标志物,否则返回重做 1 次。

(五)建议

可根据学生情况,规定或不规定具体运球和突破方式;增大或缩短两标志物间的距离,增加或减少所用标志物数。

二十九、连续突破上篮

(一)练习目的

提高在快速移动和模拟对抗中突破上篮技术的运用能力。

(二)场地器材

篮球场 1 个,篮球 4 个。

(三)练习方法

如图 4-102 所示,以球场两球篮的假想连线为中心,把球场分为左右两半。把队员分为 4 人一队,首先由甲队与乙队对抗,两队各占用半侧球场。甲队的甲 1、甲 2(乙队乙 1、乙 2)分别站立于两罚球线同一端,甲 3(乙 3)持一球站立于甲 1(乙 1)所在半侧场的三分线外,甲 4(乙 4)则徒手站立同一半场的边线外。

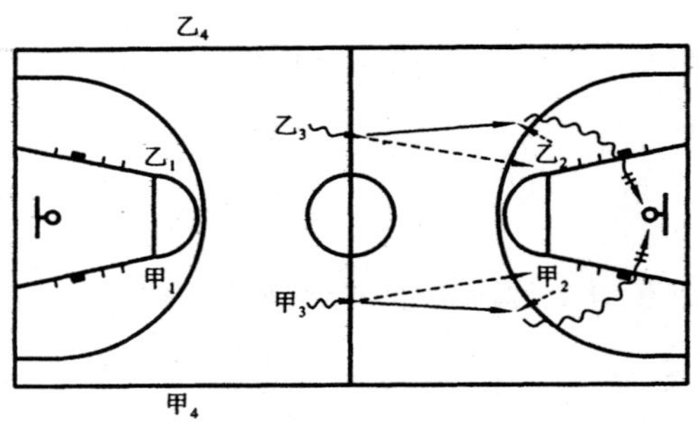

图 4-102

游戏开始,两队持球队员(甲 3 和乙 3)迅速运球启动,在越过中线前把球传给甲 2(乙队则传给乙 2),甲 2(乙 2)接球后,把球回传给甲 3(乙 3),甲 3(乙 3)接回传球在甲 2(乙 2)前做跳步急停接球突破上篮。

返回时如图 4-103 所示,甲 3(乙 3)上篮后不管投中与否,自抢篮板球并把球传给向外拉的同伴甲 2(乙 2),甲 2(乙 2)接甲 3(乙 3)的篮板球后迅速向前运球推进,在越过中线前把球传给甲 1(乙 1),再接甲 1(乙 1)的回传球做跳步急停突破上篮。此时在边线外的甲 4(乙 4)迅速进入场内,换已把篮板球传给甲 1(乙 1)的甲 2(乙 2),甲 2(乙 2)退到场外休息。如此反复进行,直到规定时间到,计算双方 4 人累加的投中次数,投中次数多的队为胜。然后换另两队进行同样的比赛。

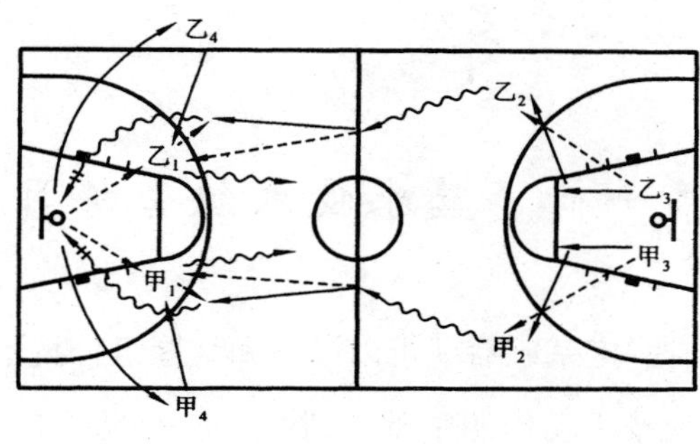

图 4-103

(四)练习要求

(1)每个运球队员必须在越过中线前传球出手再接回传球作突破,否则投中无效;

(2)在运、传、突、投中不得两次运球或走步,否则突破上篮无效,判其立即重做 1 次再换人。

(五)建议

(1)可根据实际情况把跳步急停突破改为接球急停转身突破。

(2)可改为两队交错进行,攻、防结合。

(3)此游戏参加人数不宜太多,以每队 4~6 人为宜。若参加人数多,可分为几个队,每两队采用淘汰制或“打擂台”进行对抗。

第五章　篮球高级班教学

第一节　篮球技术组合练习

当单个技术动作有一定基础后就可以学习和掌握组合技术,并学会初步运用。在掌握两个或两个以上技术动作的基础上,除了进一步巩固已形成的技术动作定型,主要是解决技术动作之间的衔接,掌握各种组合技术,为在对抗条件下运用技术打好基础。技术动作组合的方法有三种:第一种,先后两个动作的组合,如接球后运球;第二种,同时完成动作的组合,如急停接球;第三种,附加假动作的组合,如假投篮和持球突破的组合。

一、掌握组合技术应注意的问题

(一)掌握组合动作之间的衔接

掌握组合技术,首先要解决各个动作之间的衔接问题,使完成动作既连贯、合理,又快速省力,前一个动作的结束,就是后一个动作的准备,使几个动作合理地、一个接一个连续地完成。如运球后传球,在运球过程中,最后一次运球按拍球的部位、用力的大小、球反弹的高度和球离身体的距离,都要为接球做好准备,而接球又要为传球做好准备,使运球、接球、传球 3 个动作衔接连贯,保证传球动作顺利进行。开始掌握组合技术时,一般是在原地慢速进行练习,并以不破坏已形成的正确技术动作定型为原则,然后逐渐加快完成动作的速度。通过反复练习,使动作更加合理、连贯地完成。

(二)提高完成组合技术的质量

在能够衔接连贯地完成组合技术的基础上,进一步掌握组合技术的节奏、速度与动作的准确性。一般是在行进间进行练习,如练习行进间运球急停投篮或运球上篮组合技术时,要求行进间运球时速度快些,跨步接球时动作慢一些,上步起跳的步伐小点,蹬地要有力,这样做的目的是解决上体向前的水平速度变为向上的垂直速度而腾空,以便在空中完成投篮动作。通过反复练习,逐步领会完成组合技术的快慢节奏,提高动作衔接的质量。

(三)掌握假动作,提高运用技术的应变能力

掌握假动作的组合,是运用某些动作作为假动作来迷惑对手,使其重心移动而失去有利位置,自己乘虚而入完成预先打算的第二个动作。要求假动作做得逼真,而动作的改变要迅速,如原地持球突破前,先做投篮动作(瞄篮动作),然后迅速变为持球突破动作,以达到超越对手的进攻目的。通过反复练习,不断提高运用技术的应变能力。

篮球技术中有些技术动作在运用时就含有配合的因素,如传、接球动作,要求传球准确到位,便于同伴接球,同时也要求接球主动,接球动作做得合理关系到下一个动作的准备,从而能更好、更快地衔接动作。

二、组合技术练习原则

在攻守对抗情况下,提高运用组合技术的能力。在掌握技术动作和组合技术的基础上,在攻守对抗的情况下,学会克服对手的阻挠和制约,及时准确、合理地运用组合技术,为在比赛中运用组合技术创造条件。在教学步骤中,可以按以下顺序进行练习。

(1)在规定的攻守条件下,掌握运用时机,完成组合技术动作。练习时,应对攻守对抗的条件提出固定的要求:练习进攻技术时,规定防守的要求;练习防守技术时,规定进攻的要求。通过反复练习,掌握运用组合技术的时机,做出及时、准确的动作。

(2)在消极攻守对抗情况下,选择运用时机,提高组合技术运用能力。练习时,在消极攻守对抗情况下,让队员自己观察、判断对手的身体情况,运用假动作制造假象迷惑对手,造成对手产生错误的行动时,乘机进行进攻。

(3)在积极攻守对抗的情况下,进一步提高运用技术的能力。要求队员在对手积极阻挠和制约的情况下,要有信心、情绪稳定、敢于较量。同时,在练习中对攻守情况要冷静观察,准确判断,运用主变与应变动作,采取果断行动。在攻守对抗的练习过程中,由于对手的干扰与制约,可能过早地暴露自己的意图,产生技术动作上的错误或贻误战机等现象,教师应针对具体问题,耐心地进行示范与分析,并通过反复练习,提高技术运用的应变能力。

在篮球技术教学中,教学步骤与顺序不是一成不变的,而是要灵活地加以运用。一般来说,在开始教篮球技术时,特别要重视掌握正确的技术动作,严格规范要求,反复进行练习。在此基础上,与掌握组合技术的教学交叉进行,学会运用。然后,再转入在攻守对抗情况下进一步提高运用组合技术的能力和应变能力。在技术教学中,还要攻守兼顾,注意运用弱手、弱脚完成某些技术动作。

三、组合技术练习的要求

组合技术练习是指对具有攻守目的的、实用的两个或两个以上单个技术动作组合的动作系列进行练习。组合技术练习必须与攻守对抗紧密结合起来,把技术动作结构与身体素质发展水平联系起来,它们之间是相互依赖、相互制约的。在组合技术练习过程中,特别强调动作与动作之间衔接的合理性,要求做到时间上的及时、位置上的准确、变化时的隐蔽,使组合技术具有连续性、对抗性、实用性的特点和制约对方的效能,并且要注意协调能力的培养。协调能力应理解为合理地建立完整技术动作的能力和根据变化的条件能从一些行动转入另一些行动的能力,它是影响技术动作完成的重要因素,通过克服不合理的肌肉紧张,完善动态中保持身体平衡完成动作的能力、完善“空间感觉”和动作的空间准备性等途径去提高技术中的协调性。

组合技术练习是在一定基本技术基础上进行的练习,必须考虑动作组合和攻守对抗的特点来组织练习。主要通过一对一的练习,也可与基础配合结合进行练习,要具有实践性。由于组合技术的运用涉及多种因素,如基本技术掌握与熟练程度,身体素质、心理素质、智力水平以及篮球意识等,还有练习中的搭配、教师或教师的指导，都会影响组合技术练习与运用的效果和质量，因此，在训练中特别强调因材施教，不要千篇一律地布置练习，应从实际出发，根据不同对象的实际情况，有所侧重、有的放矢地进行布置，通过扎实的训练，达到能在攻守对抗中熟练运用组合技术的目的。

四、组合技术练习实例

（一）进攻技术组合练习

1. 传—运—投篮练习

如图 5-1 所示，首先底线队员⑥将球传给④，跑到罚球线或者三分线附近接回传球，快速运球到前场传给⑤，然后快速切入接⑤回传球上篮或急停投篮。

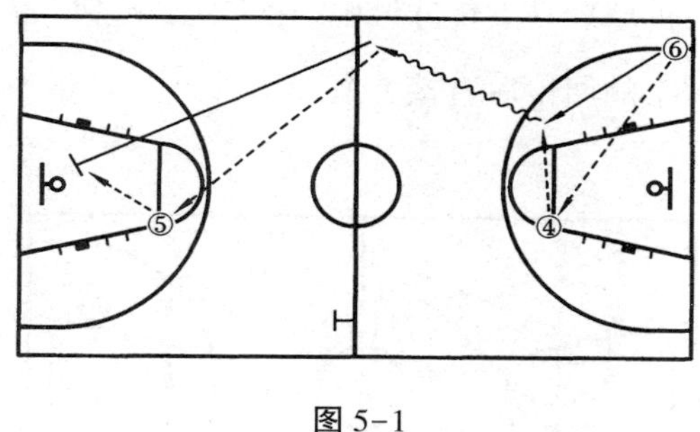

图 5-1

注意要点：传球后启动要迅速，切入前要注意做假动作。

易犯错误：传、接球不到位，切入时速度慢。

2. 运—传—投篮练习

如图 5-2 所示，首先底线的⑥折线运球，运球到中线时将球传给指定队员④，然后快速切入接④回传球在罚球线附近急停跳投。

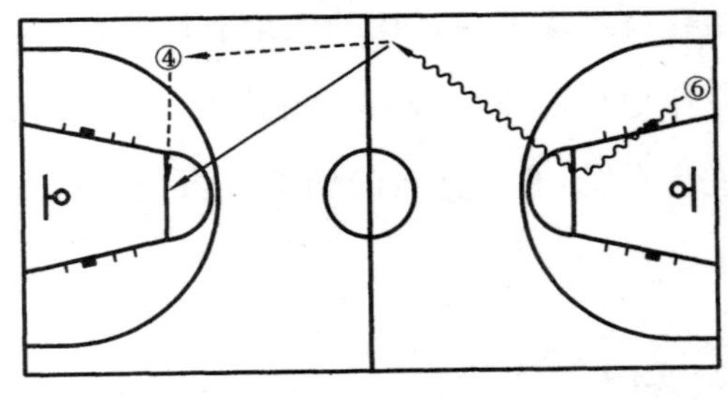

图 5-2

注意要点:运球变向后速度要快,接球急停跳投时注意节奏。

易犯错误:运球变向后没有加速,接球急停时注意不要走步。

3. 全场传接球上篮

如图 5-3 所示,底线的⑥传球给④然后直线加速向前,④接到传球后迅速回传给⑥,⑥在接到④的回传球后马上传球给中线的⑤,⑥接到⑤的回传球后马上传给指定位置的⑦,⑥接到⑦的回传后直接上篮。

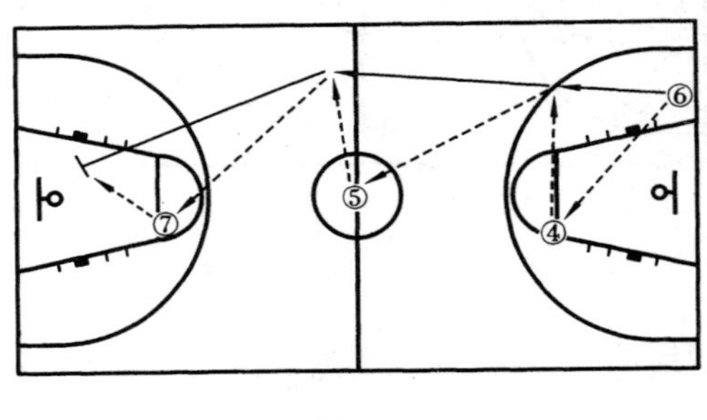

图 5-3

注意要点:不准运球,移动速度要快,传、接球要迅速。

易犯错误:移动中传、接球停顿时间过长。

4. 行进间两人运—传球上篮

如图 5-4 所示,④⑤在指定位置站好,④持球,开始时两人同时出发,④先做出传球的假动作后向左侧突破,然后再将球传给⑤,⑤在接到球后同样做出传球的假动作后向右侧突破,然后再将球回传。如此反复传球,到前场上篮。

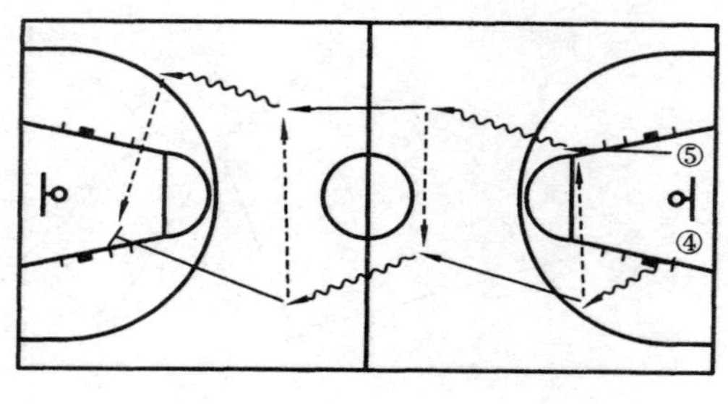

图 5-4

注意要点:假动作要逼真,突破迅速,传球到位。

易犯错误:突破后传球不到位。

5. 传切—接长传球上篮

如图 5-5 所示,底线的④向边线快速插上接⑤的传球,⑤传球后向罚球线附近移动接④的回传球,接到球后做持球突破,这时④传球后迅速沿边线到前场,⑤突破后长传球给到前场的④,④接球后上篮。

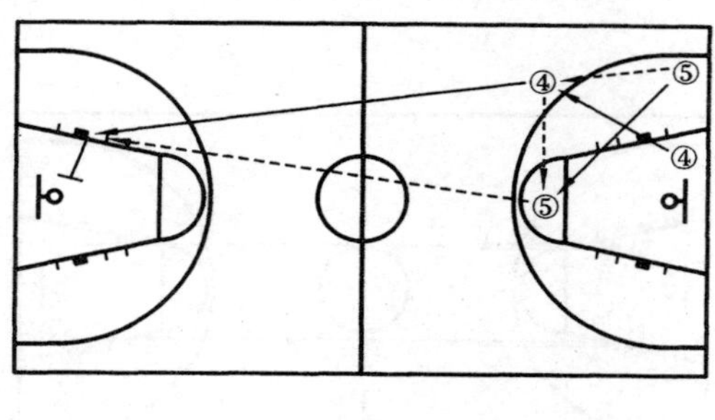

图 5-5

注意要点:快下要迅速,传球到位。

易犯错误:传球不到位。

6. 抢篮板球—长传球上篮

如图 5-6 所示,④接到篮下⑤抢的篮板球后,快速运球到边线传球给另外一边跑来的⑥后快速向前场切入，接⑥的长传球后上篮。

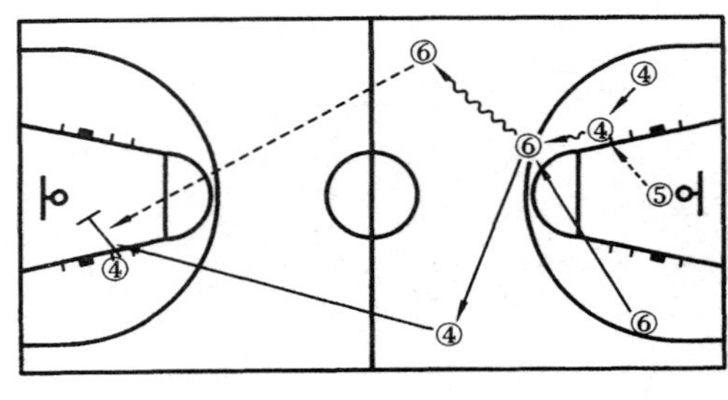

图 5-6

注意要点：接篮板球时要注意插上要球，⑥接到球后要做突破。

易犯错误：运球后回传速度慢，长传球不到位。

(二)防守组合技术练习

1. 两人模仿练习

两人面对面，④做防守脚步（滑步、交叉步），随时变换动作，⑤则尽量模仿④的动作。

注意要点：模仿者尽可能紧跟动作的发出者，如图 5-7 所示。

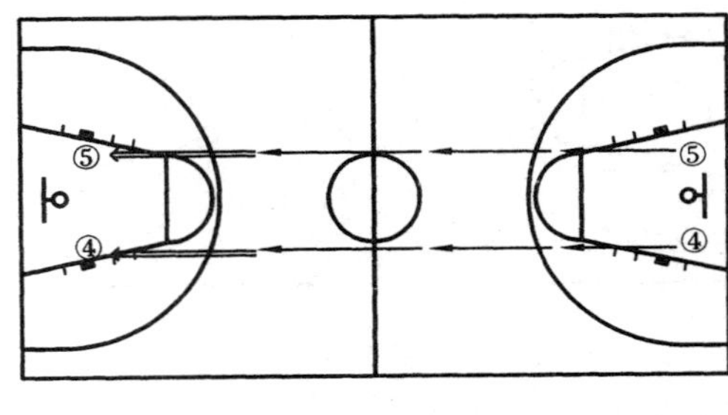

图 5-7

2. 1/2 纵场脚步组合练习

如图 5-8 所示，④从中间出发向边线方向做 3 次滑步接一次交叉步，到踩到边线后再以同样的脚步到纵向中间，依次往返直至对面底线，再由另一侧做同样脚步组合练习返回。

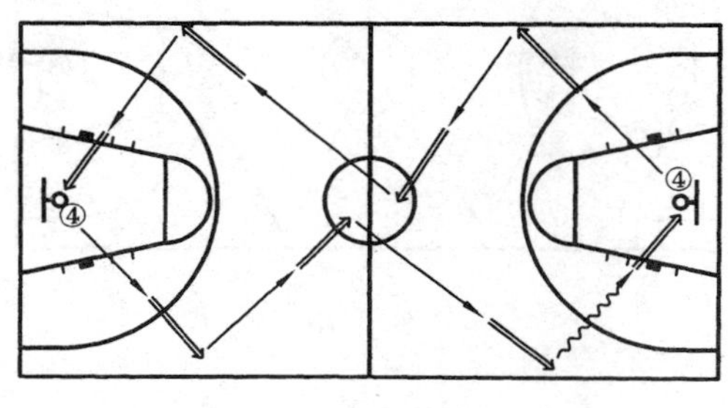

图 5-8

注意要点:滑步接交叉步时要迅速。

3. 两人防守练习

如图 5-9 所示,④⑤由端线出发,出发前两人相互击掌,然后分别向各自的行进方向做滑步接交叉步,从边线返回中线再次击掌,以此方式直至对面端线击掌结束。

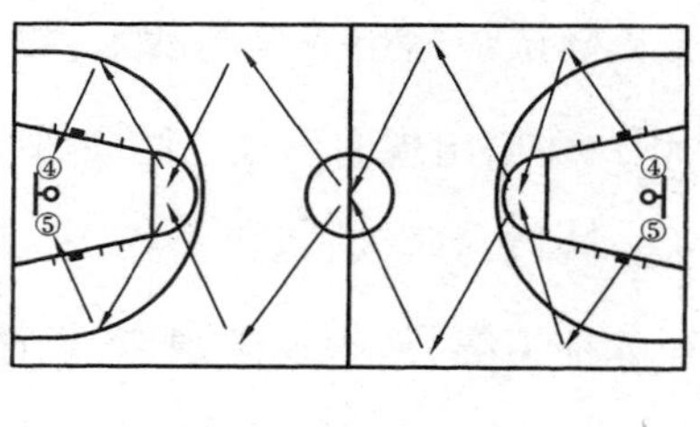

图 5-9

注意要点:两人滑步的路线一致。

4. 滑步组合练习

如图 5-10 所示,④从三分线一端开始做侧滑步到 A 点,用上滑步移动到⑤处,与⑤击掌后撤步返回 A 点继续向另一端做侧滑步,到达 B 点运用同样方法与⑥击掌后返回,滑至端线结束。

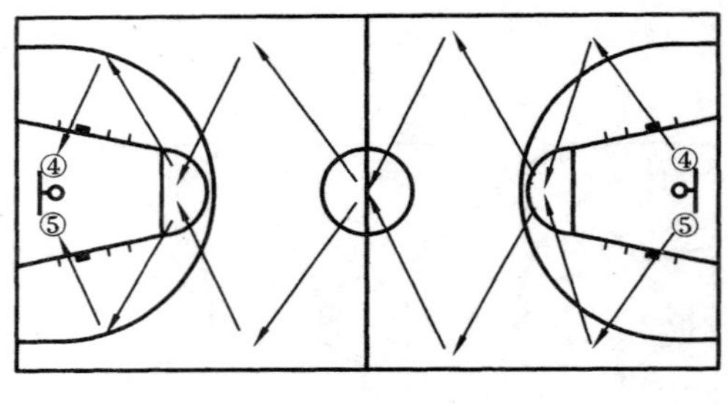

图 5-10

注意要点:侧—前—后滑步的衔接。

第二节　战术中队员的位置职责与要求

一、篮球战术运用

(一)篮球战术运用的指导思想

篮球比赛变化多端,要正确认识运用战略与战术,技术与战术,战术意识与行动等几个关系。要正确认识比赛中出现的进攻与防守、快攻与阵地进攻、内线与外线、正面与侧面、左边与右边、区域与盯人、紧逼与松动、扩大与缩小、高度与速度、分散与集中、常规与特殊等各种情况,从中找出规律,以便更好地在比赛中捕捉战机,争取时间与空间的主动。同时,还要注意矛盾的主要方面与次要方面,分清主次及其相互关系,以及在一定条件下主次之间的相互转化。要贯彻本队的战术指导思想,从实际出发,用己所长,攻彼之短,充分发挥队员的主观能动性,机动灵活地运用战术,打出风格,打出水平。

(二)篮球战术实施的过程

篮球战术的实施,不论是在进攻或防守过程中,都是由开始组织、配合攻击、结束转换三个阶段构成。

开始组织阶段是指在上一回合攻守结束后,下一回合的开始阶段。在这一阶段,双方各自转入有组织的攻守,根据所运用的战术,迅速组织形成一定的队形和阵势,过渡到配合攻击阶段。

配合攻击阶段是指有组织地通过队员之间的协同动作进行攻击或制约对方的行动的阶段。进攻以投篮为目的,防守以争夺控制球而展开对抗,各种攻守战术行动的具体内容包括:运用的配合方法、主攻的方向和防守的突破、攻击时机的捕捉、配合的变化、帮助与合作等。

结束转换阶段是指在完成攻击的同时,如何转入下一回合,如何迅速、有效地连续展开攻守对抗的阶段。从这个角度来讲,投篮不是进攻战术的结束,获球也不是防守的最终目的。抢篮板球应是攻守战术方法的重要组成部分,获球只是攻守转换的信号。与此同时,全队整体行动中还要注意保持攻守平衡,以利于组织下一次的攻守行动。

不论是进攻还是防守的各个阶段的行动程序,在比赛中并不是一成不变的。由于比赛情况的复杂多变,时机的出现有其必然性和偶然性,个人与集体对抗的积极性、本方与对方的失误等都有可能出现直接攻篮或获球而导致攻守的变化。因此,为了更好地实现战术意图,控制比赛进程与节奏,达到实用的目的,明确战术方法在攻守过程中应如何实施、如何应变,是十分必要的。

二、2-1-2 区域联防中队员的位置职责与要求

1."2-1-2"区域联防的特点

"2-1-2"区域联防的特点是 5 名队员分布比较均衡,以中间的一名高大队员为中心,把前排两名锋线队员和后排两名卫线队员有机地组成一个能够前后呼应、左右联系、便于相互协作防守的阵形。这种防守阵势能有效地对付内、外线攻击力量较强的队,适用于阻截正面突破和篮下威胁较大而"两腰"攻击力较弱的队。(图 5-11 所示的 1、2、3、4 斜线区是防守的薄弱地区)。

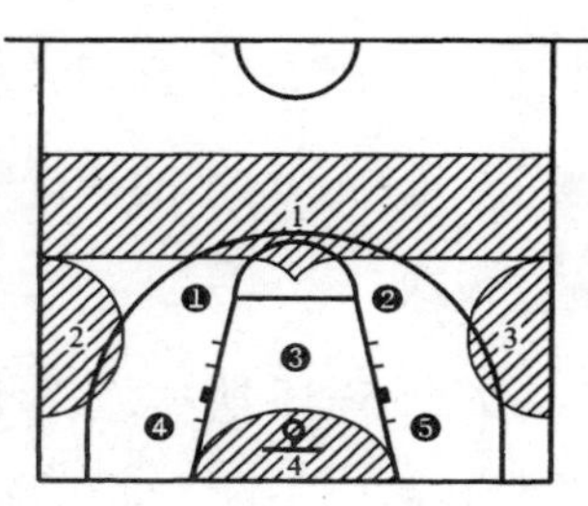

图 5-11

2."2–1–2"区域联防各个位置队员应具备的条件

如图 5–12 所示,突前防守的两名队员应是快速、灵活,并善于抢断球和组织快攻反击的队员;位于中间的应是身材高大、善于补位和抢篮板球的队员,他往往要防守对方的中锋;位于后排防守的应是两名身材高大、善于盖帽和抢篮板球、发动快攻的队员。

3."2–1–2"区域联防的防守方法

(1)球在正面弧顶时的防守配合:如图 5–13 所示,①持球进攻,❷应上步防守①,❶应上步防守③兼防⑤,❸应上步防守外中锋⑤,❹防守底线的④。

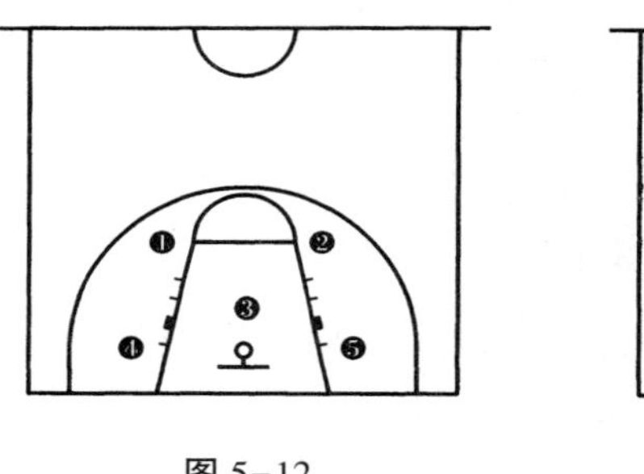

图 5–12

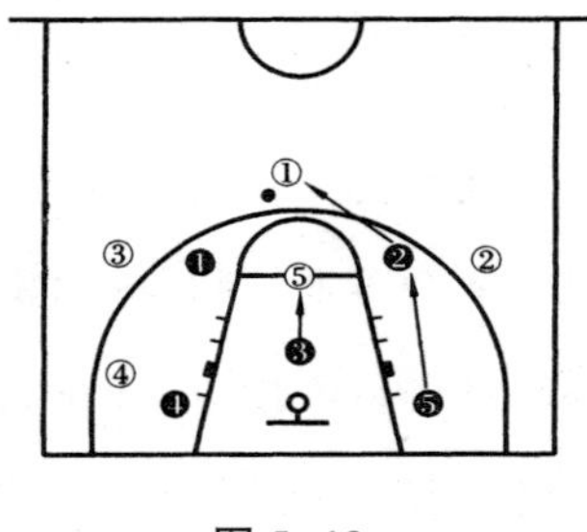

图 5–13

(2)球在侧面两腰时的防守配合:如图 5–14 所示,①传球给③,❶迅速上去防守③。❷退回原来位置或协防⑤,以防⑤下移后②背插进攻。❸要防止⑤下移接球,设法切断⑤的接球路线。❹阻止④接球,❺向有球一侧的篮下移动。运用中,❷可以抢断③给②的横传球。如果③投篮,❹、❸、❺在篮下形成三角形包围圈,拼抢篮板球。

如图 5–15 所示,③回传球给①时,防守应按照战术需要来移动。如果①投篮不准,则❷稍上前一步阻挠,准备在①传球给②后追球移动,赶上去防守②。❺应该在⑤未赶到前防②,②赶到后❺则退回篮下防守。也可以采用"伸缩性联防"阵势的特殊移动方法,即❶和❷均采用横滑步移动,封住两腰③、②的投篮点,放弃防守弧顶投篮不准的①。如果①投篮较准,②投篮欠佳,在①传球给②后,则应部署一名后卫❷上步防守②,但❷松动防守兼防守⑤,便于②倒手回传给弧顶投篮手时上步继续防守①。

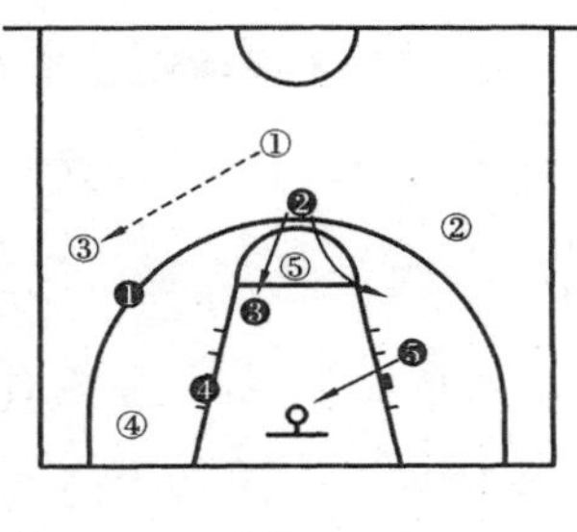

图 5-14

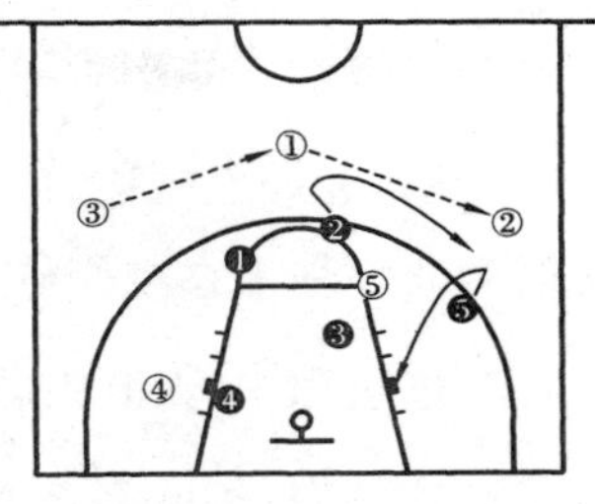

图 5-15

(3) 球在底角时的防守配合：如图 5-16 所示，③传球给底角④，❹上步防守④，防止④底线突破。❶应退后协防，❺严密防守。如⑤在内线接球，则❺向篮下移动防止②背插。❷向限制区中间移动，防止①、②插入篮下。

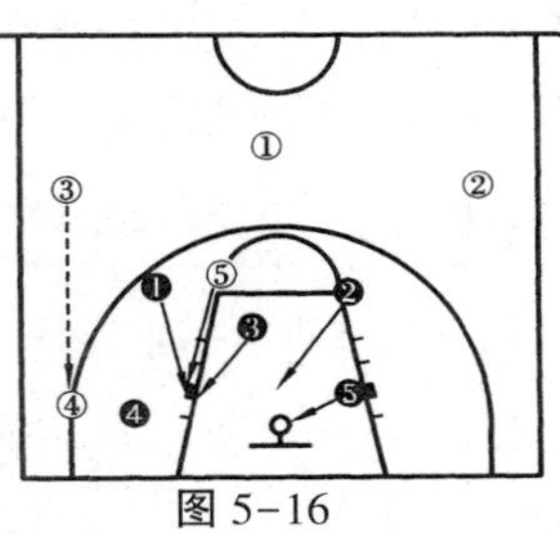

图 5-16

(4) 防守溜底线的配合：如图 5-17 所示，①传球给②，④溜底线向有球一侧切入，❹要跟踪防守④。❷上步防守②，❺等到❷回来防守②时再从右腰撤回篮下防守溜底线过来的④。

(5) 防守外中锋的配合：如图 5-18 所示，①传球给外中锋⑤，❸要上步阻止⑤投篮，❶、❷协助防守⑤，❹要防止④插入内线，❺防止②切内线，迫使外中锋⑤将球传上线。

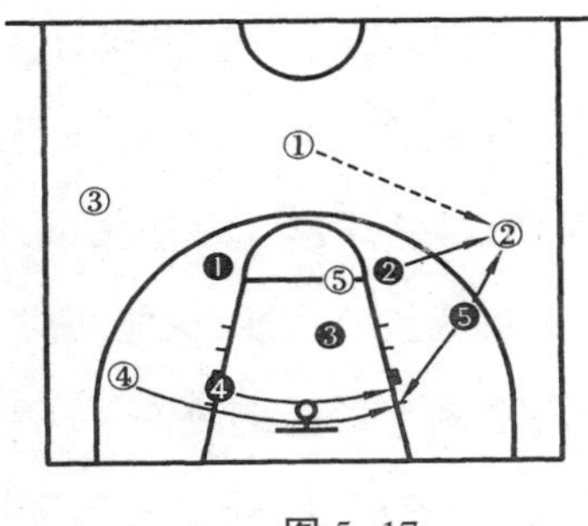

图 5-17

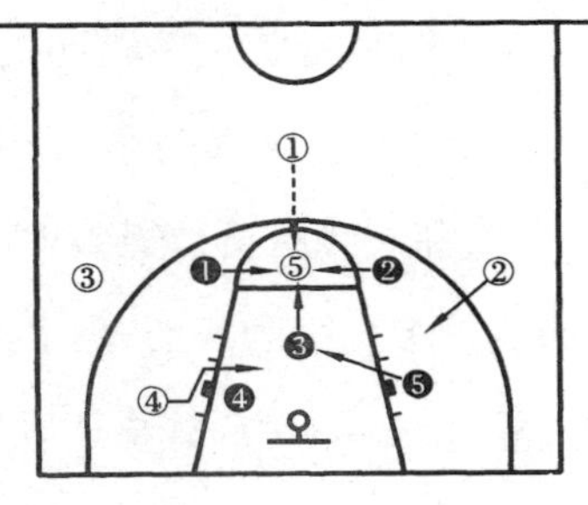

图 5-18

三、人盯人防守中队员的位置职责与要求

人盯人防守是篮球防守战术中最重要的一种，是以盯人为主，兼顾球，做到人球兼顾，每名防守队员都积极盯住自己的进攻对手，并与同伴进行共同协防的全队防守战术。人盯人防守战术在现代篮球比赛中是一种最基本、最常用的防守战术。在篮球比赛演变发展过程中，人盯人防守战术是出现最早、破坏性相对较强的防守体系。在现代篮球比赛中，各队都把它作为重要的战术方法和手段加以运用。人盯人防守战术能够有效地发挥队员个人防守能力和集体防守力量，不断根据人和球的位置及对手移动情况，随时调整防守力量和队员的防守位置，控制进攻队人与球、人与人的联系。现代篮球防守中这种“以人为中心”的防守原则，既是篮球防守的特点，又是今后篮球防守战术的发展趋势。

第三节　进攻区域联防

进攻区域联防是针对区域联防的特点、阵势和变化所采用的进攻方法，是篮球进攻战术系统中的重要组成部分。

一、进攻区域联防的阵势与方法

进攻区域联防应在全面了解区域联防的特点、防守的一般规律基础上，抓住不同区域联防阵势的薄弱环节，有针对性地组织进攻阵势。

以“1—3—1”进攻“2—3”联防的方法为例。“1—3—1”进攻阵势，主要针对“2—1—2”和“2—3”区域联防。“1—3—1”进攻战术的基本特点是，外围有 3 个以上投篮点，中锋和底线队员（前锋和高前锋）则频繁穿插移动，内外联系，力争在一个区域里形成以多打少的局面；加上结合两侧进攻队员的背插，更能使对方在局部地区负担过重。“1—3—1”阵势还能较容易地根据防守阵势的改变，灵活地进行战术变化。例如，对方由“2—1—2”联防改变为“1—3—1”联防时，两侧队员的位置移动较大，一个上提，一个落底，进攻方及时变为“2—1—2”进攻阵势。因此，

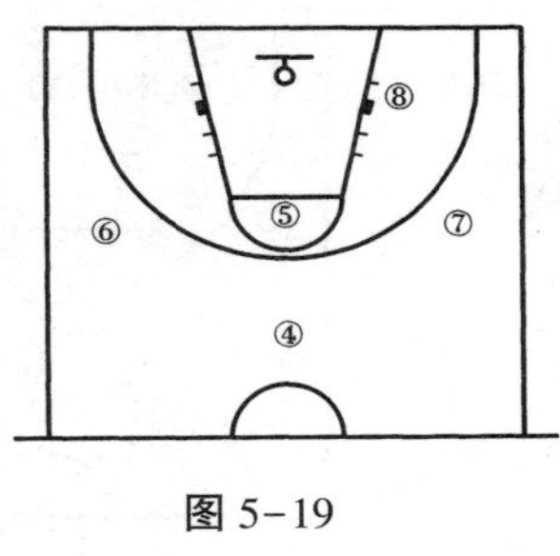

图 5-19

"1—3—1"阵势是进攻区域联防的最基本的战术阵势(见图 5-19)。

以"1—3—1"进攻"2—3"联防时,如图 5-20 所示,在双数防守队员突前的❶、❷前面部署 3 名进攻队员①②③,以"单对双",以"三对二",形成外线正面和侧面以多打少的局面,进攻阵形成"1—3—1"落位。在图 5-21 中,"2—3"联防的薄弱地区是 1、2、3 斜线区。因此,进攻"2—3"联防的队员①应落位于 1 斜线区,②与③应落位于左、右斜线区,④落位于斜线区 1、3 交合处,⑤落位于篮下左侧中锋位置。

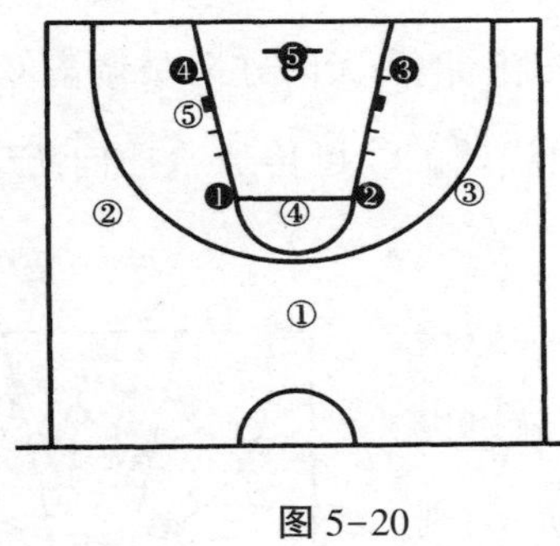

图 5-20

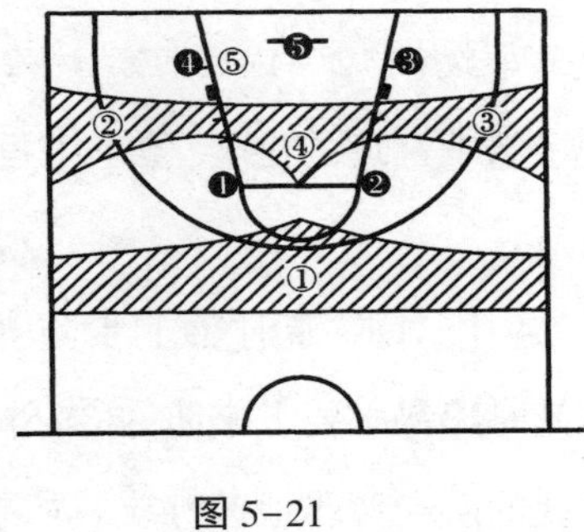

图 5-21

以"1—3—1"进攻"2—3"区域联防各个防区队员应具备一定的条件:如图 5-22 所示,①应是一名核心队员,善于组织进攻,传球技术熟练;②与③应是两名得分手,善于中、远距离投篮和妙传供内线;④应是善于在罚球线附近进行策应和转身跳起投篮的外中锋;⑤应是一名身材高大的中锋,善于在篮下进攻和抢篮板球。

以"1—3—1"进攻"2—3"区域联防的方法如图 5-23 所示。

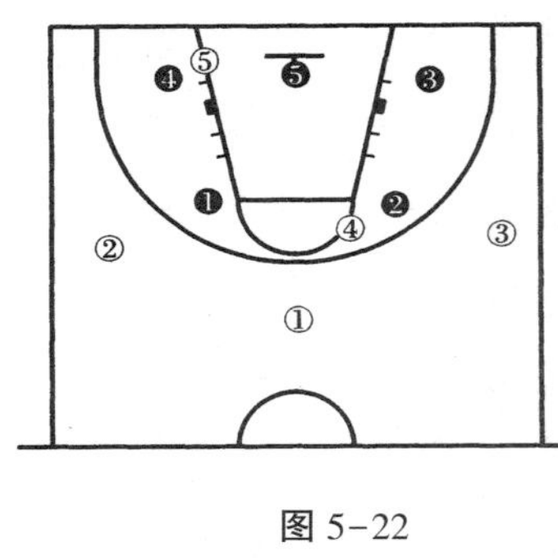

图 5-22

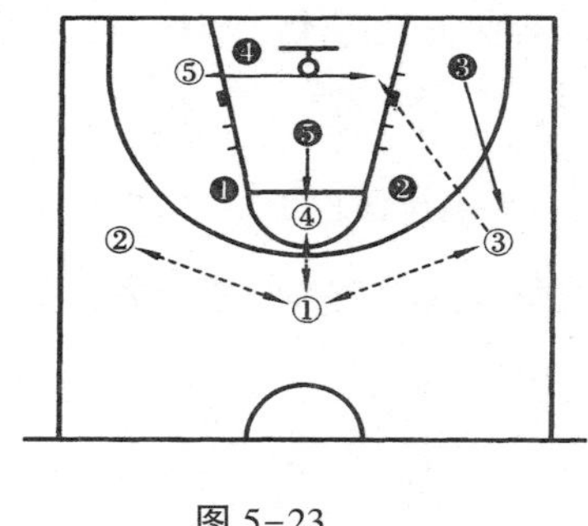

图 5-23

①与②、③在外线倒手传接,迫使防守队员扩大范围,防守队员❸出来防守③;此时,①可以传球给外中锋④,迫使❺上前防守④;“2—3”联防的目的是为了加强篮下防守而设计的阵势,通过外线频繁传球,把两名防守篮下的❺、❸都调动出来,迫使“2—3”联防向“2—1—2”或“3—2”阵形转化;把高大防守队员调离篮下,这就给⑤创造了篮下进攻的机会,善于中投与传内线球的③可传球给插向防守薄弱地区的⑤投篮。

图 5-24 中,①瞄篮时❷上步防守,则①传球给③。③瞄篮时❸势必要上来防守③,外中锋④就可以插入新出现的防守薄弱地区进攻。如果❺跟防④,则内中锋⑤可以插入新的防守薄弱地区进攻;如果❹跟防⑤,则②可切向④移动后出现的新薄弱区,接③的平吊球,较顺利地投篮。

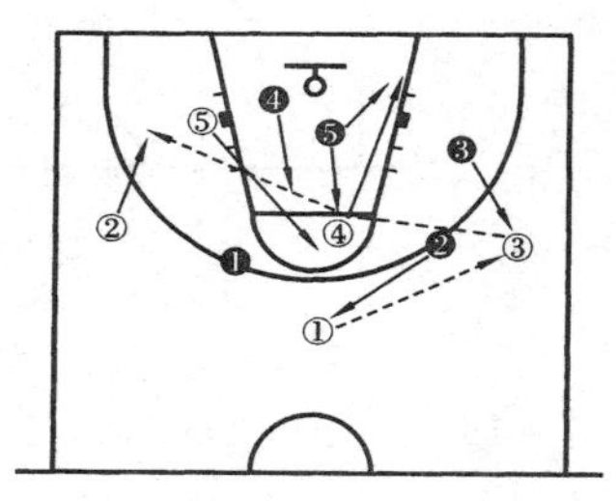

图 5-24

以上是“1—3—1”进攻区域联防较典型的方法。进攻区域联防经常运用“以双对单”“以单对双”落位于各种区域联防薄弱区的原则,包括不停顿地、连续地向新出现的薄弱区移动,利用外线进攻,迫使防守扩大而攻取内线,加强内线进攻,迫使防守缩小防区攻其外线。在不断调动防守队员扩大防守或缩小防守的情况下,迫使防守队的阵形发生较大变化,即迫使防守“变阵”,攻其薄弱的、不擅长的防守阵形,就会取得良好的进攻效果。应用这种“以双对单”“以单对双”的进攻单数突前和双数突前防守的各种区域联防,在方法上大致雷同。一个队若熟练地掌握了一套基本的、主要的进攻战术方法,就可以在运用中举一反三。

二、进攻区域联防的基本要求

进攻区域联防，首先要以快制胜，不论在何处获得球权，都应抓住时机，发动快攻，力争在对方未落位分区布阵前进行攻击。快攻不 k 而转为阵地进攻时，有以下几点基本要求：①要有针对性较强的进攻区域联防的阵形，在阵地进攻时要注意对方的防守弱点；②布置突破口和远投手，外投内抢，内外结合，并针对区域联防重于内线防守的特点，先取外线攻击以扩大其防守区域，形成真空地带，乘机展开移动穿插，投、突攻击，内外结合，使其在跟防、协防、补防的情况下顾此失彼，从中寻找更多攻击机会；③由于区域联防严防篮下，有利于组织抢防守篮板球，因此，在投篮攻击后应组织拼抢进攻篮板球，并注意攻守平衡。

第四节　半场人盯人防守与进攻半场人盯人

一、半场人盯人防守

半场人盯人防守战术是指由攻转守时，全队用最快的速度退回后场，每个队员的防守都有明确的被防对象的人盯人防守战术。半场人盯人战术防区较小，协同互补性较强，它是运用最多的一种防守战术形式，是篮球运动中各种防守战术的基础。由于每个队员防守的对象相对明确，因此，能很快地熟悉对手的技术特长和战术行动，有利于防守过程中根据对方的打法，扩大或缩小防区，及时调整防守范围，针对进攻的侧重点来配备和组织防守力量。

（一）半场人盯人防守的作用

（1）防守范围大，一般为 8~10 米，能有效地应对中远距离投篮比较准，而控制球能力、突破能力较差的对手。

（2）破坏对方的习惯打法，不让对方从容地组织进攻配合。

（3）能够大胆地组织夹击和抢断，造成对方不断失误和违例。

(4)可以利用抢断造成更多的快攻机会。

(二)半场人盯人防守的原则

(1)开始全场退守时,应迅速找到自己所防的对方队员,特别是当对方队员进入前场后,应立即紧逼防守,尤其是对控制球的对方队员更应如此。

(2)不让对方队员从容接球和传球,如果对方队员进行掩护配合,防守时应尽量抢前防守(特别是对方队员进行纵向的后掩护时),尽量少用换人防守,即使暂时换人,也应找机会立即换回来。

(3)当对方队员接近篮下危险区时,防守队员应尽量绕前防守或侧前防守。邻近的离球远的队员要注意防守缩回篮下时抢断对方队员的高吊传球。

(4)若进攻队员在边角停球或成死球时,邻近的防守队员要有组织地进行突然夹击、抢断,以造成持球队员的传球失误或被迫5秒违例。

(5)对方队员发后场界外球时,可突然采用全场紧逼人盯人防守,争取断球后投篮或造成对方掷界外球5秒违例。若对方已发出界外球,贝米用"领防",即松动地防守对方队员,跟随其逐步退守,并伺机抢断球,延误对方队员进攻的速度,最后退回到后场进行半场人盯人防守。

(三)半场人盯人防守易出现的问题

(1)比赛中5名防守队员,只要有一名队员防守失误便会造成防守上的"漏人",使对方队员在无人防守的情况下投篮成功。

(2)采用盯人防守比采用联防防守更容易造成本队队员的犯规。

(3)采用盯人防守,获得后场篮板球的机会不如采用联防防守时机会多。

(4)采用盯人防守,不如采用联防防守时容易组织有效的快攻配合。

(四)半场缩小人盯人防守和扩大人盯人防守

半场人盯人防守战术在实战运用中分为半场缩小人盯人防守和扩大人盯人防守两种。由于缩小人盯人防守和扩大人盯人防守的任务和防守区域不同,因此战术形式和方法也不同,然而防守基本原则是一致的。

扩大人盯人防守的战术形式是5名队员在中线一带有针对性地分别站位,盯住进入自己防区的队员，极力阻挠进攻队员的战术行动和落位布阵。缩小人盯人防守的战术形式有两种：一种是5名队员在中线稍后一带，有针对性地落位，分别盯住进入自己防区的队员，极力阻挠进攻队员进入本防区采取攻击性行动；另一种是在三分投篮线一带的区域里，呈马蹄形布防（近似于扩大了的“3—2”阵势的落位布阵），做好防守自己对手的准备。这种防守形式，主要为控制内线和封堵对手强行突破，以求制造抢篮板球进行反击的机会。

缩小人盯人防守的战术阵形主要有：针对进攻半场人盯人的“2—3”阵势，用于防守以高大中锋策应配合为主的战术配合；针对“2—2—1”进攻阵势，用于防守单中锋策应、外线进行防守掩护等灵活机动进攻为主的战术配合；针对“1—3—1”进攻阵势，用于防守以双中锋上、下站位及其变化的战术配合；针对“1 —4”“1—2—2”进攻阵势，主要防守以双中锋和无固定中锋的马蹄形进攻阵势。

1. 半场扩大人盯人防守

这是一种带有紧逼性的防守阵势，主要以夺球为目的，封锁、切断传球路线，阻止三分球投篮，破坏与分割对方习惯性的内外结合进攻配合，给对方以心理压力，借以适时组织夹击，争取抢、断球反击快攻的机会。由于它的防区扩得较大，一般为8~10米，所以虽有利于阻止外线进攻，但由于这种防守的重点在外线，相对而言内线防守较为空虚，互补防守较为困难。

下面根据进攻队球员进入的区域不同，介绍半场扩大人盯人防守的方法。

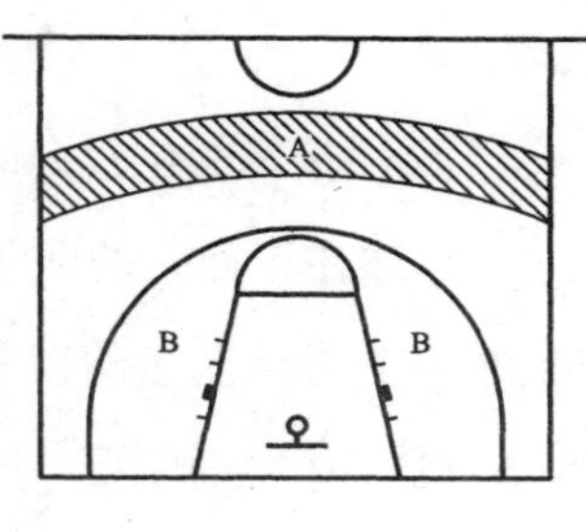

图5-25

（1）当进攻队员进入图5-25所示的A区时，防守队员迅速退回后场，并立即找到自己防守的对手。A区是防守队员开始紧逼对手的区域范围，特别是对持球队员要封锁其传球路线；对运球队员要阻止其突破，并设法迫使其停球；对无球队员要错位防守，并切断其接球路线，破坏其习惯的进攻配合。这一阶段的防守与半场区域紧逼有所不同，不要求防守队员在攻方持球队员刚越过中线时就上去紧逼和夹击，主要要求防守队员控制对方的进攻速度而紧逼盯人。

(2)当进攻队员已进入图 5-25 所示的 B 区时，每名防守队员均应紧逼对手，破坏对方的习惯进攻配合，阻挠对手落位到习惯的攻击点；根据球的位置，以不让对手轻易接球为目的，阻挠和切断其传、接球通路；如果遇到对方掩护时，应尽量运用挤过防守，少用交换防守，以免出现高矮错配、强弱不均等现象。

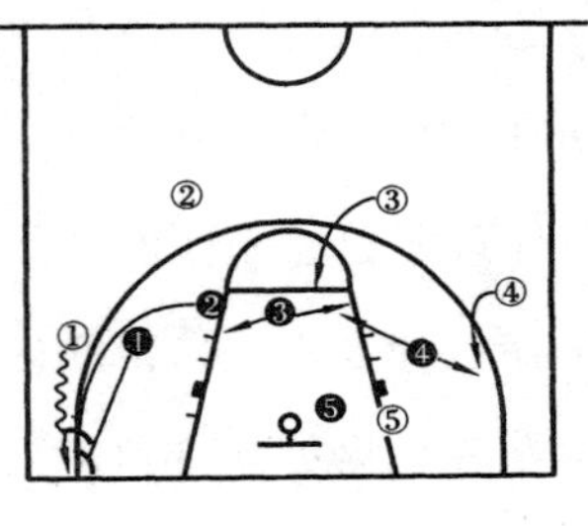

图 5-26

(3)当运球队员被逼入底角时(见图 5-26)，防守队员可以组织夹击。将运球队员逼向左底角，近球防守队员❶和❷可以下移夹击①，❸准备断①传给②的球，并要防止自己所盯的③切入，❹准备断①传给③的球，并要防止自己所盯的④向篮下切入，❺防止⑤插向异侧进. 攻。

2. 半场缩小人盯人防守

这是一种对有球队员紧、对无球队员松，并根据球的位置来掌握松紧度的防守形式。它的防区缩得较小(一般为 6~7 米)，有利于保护篮下，便于对付内线攻击力强、外线突破能力强，而中、远距离投篮欠准的队。这种防守的重点在内线，密集篮下，围守中锋，要做到对持球队员主动抢前占位去紧逼，对无球队员则进行伸缩性的弹性防守，严密封锁将球传入内线的球路，积极阻止中锋在内线接球，切断内、外联系和传接球路线，整体协同防守篮下，减少内线犯规，控制篮板球，争取打反击快攻。

下面根据球的位置介绍半场缩小人盯人防守的方法。

(1)球在正面时的防守。如图 5-27 所示，球在正面右侧罚球线延长线以上的①手中，❶逼近①，用手罩住①手中的球。②与③位于强侧、罚球线延长线以下区进攻，因此，❷要错位防守②，不让②接球，掌握近球者紧的防守尺度。❸要优先防守③，且断其接球路线，掌握球在强侧紧的防守尺度。④与⑤位于弱侧，因此，❹要向纵轴线靠近❶方向后撤，协助❶防止①从中路突破。❺要向纵轴线靠近❸的方向后撤，协助❸防止③反切篮下，❺还要注意⑤，防止⑤背

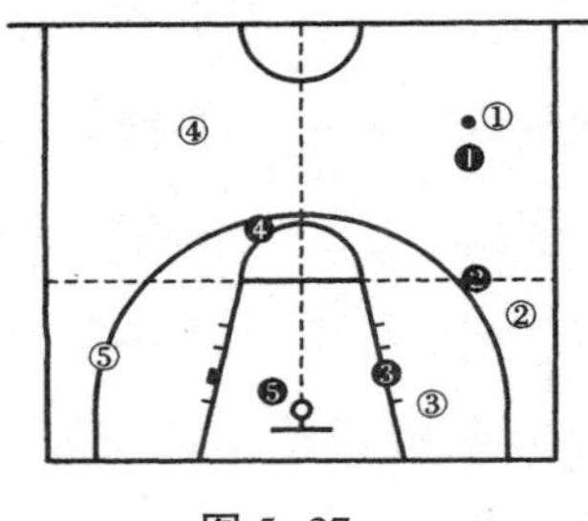

图 5-27

插限制区进攻。

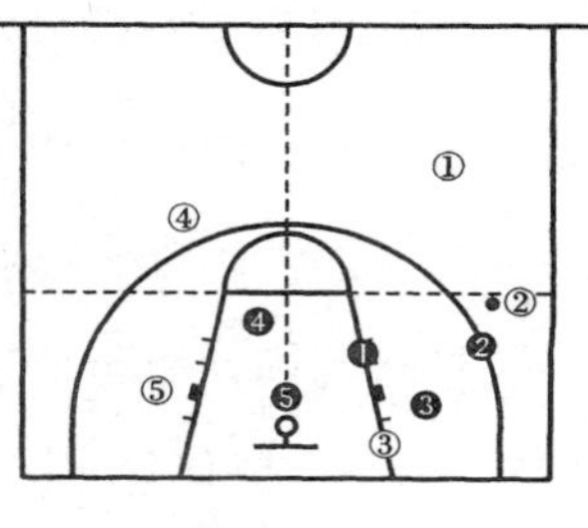

图 5-28

(2)球在侧面时的防守。如图 5-28 所示,球在侧面罚球线延长线以下的②手中,❷逼近②,阻止其将球传入内线。①虽处于强侧,但由于球在罚球线延长线以下,所以要缩回来防守,掌握紧内放外的防守尺度,这样一是可以协助❷防止②从中路突破,二是主动协助❸围住中锋③。❸要绕前防守③,如果用侧前防守③,那么另一侧要❶或❺协防。⑤处于弱侧,❺要向纵轴靠近❸的方向移动,当❸绕前防守时要保护后线,以防②高吊传球给③;当❸侧前防守时要协防另一侧后线,并注意防守⑤背插限制区进攻。④处于弱侧,❹要缩回来协防限制区,以防④空切限制区,同时协防⑤,阻止其在限制区背插进攻。

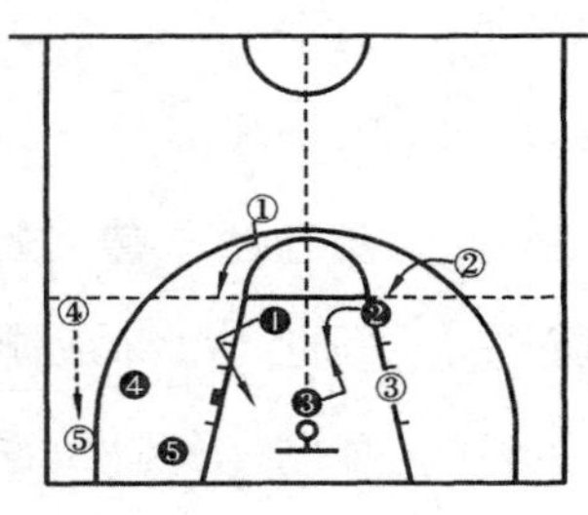

图 5-29

(3)球在底角时的防守。如图 5-29 所示,④将球从侧面传到底角⑤手中。此时,❺要防止⑤从底线运球突破,❹要缩下来协助❺,阻止⑤从中间突破,❸❷❶都应紧缩篮下,“面向球、兼顾人、堵插背”,严密防守③②①插入空腹区进攻。

3. 半场人盯人防守的基本要求

由攻转守时,防守队员必须迅速退回后场,找到对手,组成集体防守;根据进攻队员的身高、技术特点、位置、分工等配备实力相当的防守力量。遵循“人球兼顾,以人为主”的防守原则,防守队员的位置选择应根据“球—彼—我—篮”进行应变调整,如防守距离按有球逼、无球截,近球贴、远球堵,近篮封、远篮控,运球要追的原则进行调整。防守时眼睛余光要环视到攻守全局,并要经常保持基本的防守站立姿势,在积极移动中进行干扰、堵截、抢打断球。对有球队员要根据对手的位置,积极用手臂挥摆封锁传球路线和干扰投篮出手;对运球队员要积极追防,合理运用有效动作,使对方运球的落点处于自己的两脚滑行之间的稍前方,堵卡运球路线,伺机抢打球,迫使其陷于被动,邻近的防守队员要进行协防;对无球队员的防守,应根据对手所处的位置及时调整,通常在外围应做到

“球—我—彼—区”兼顾的原则,选择在便于阻止接球和抢断球的位置上,使对手难以接球,或接球后不易与其他进攻技术衔接,不能顺利地进行攻击。在不同防区运用不同的防守方法,近球区与远球区、强侧与弱侧、内线与外线要有所不同、有所侧重,便于与同伴协防,加强防守的集体性和攻击性。总之,要使 5 名队员形成一个有机的防守整体。

(五)半场人盯人防守战术的练习方法

1. 基础配合练习

详见第四章第八节防守基础配合中的挤过、穿过、绕过、交换、关门等配合。

2. 防高吊球配合练习

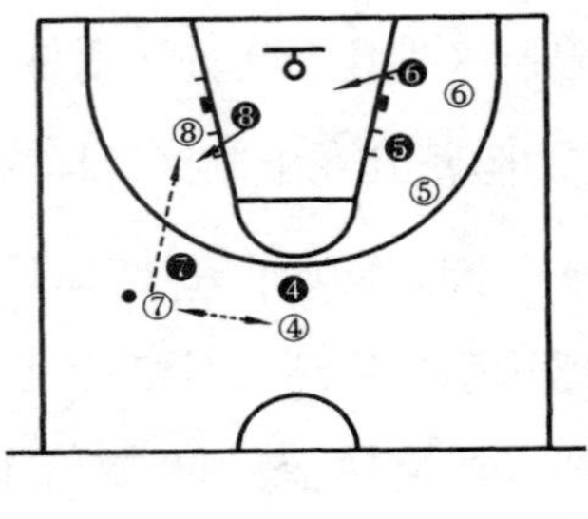
图 5-30

如图 5-30 所示,在半场进行练习。进攻队员⑦与④在外围传球。当④传球给⑦时,❽要及时绕前防守⑧,阻挠其接同伴⑦传的高吊球,并积极进行抢断,此时防守队员❻要暂时放弃⑥,向⑧移动,伺机断⑦给⑧的高吊球或防⑧接球后投篮。❹在防④的同时,要防⑦持球突破,注意及时与❼“关门”。❺对⑤的防守位置可稍远些,要向内移动,防⑤和⑥的空切,并伺机断⑦给⑥或⑤的传球。

此练习也可由队员⑤开始发动配合练习,注意此时⑥的位置是站在腰处,与左侧⑧的位置刚好相反。

要求:每练习 10 次后,两组交换攻守位置进行练习。

3. 边角夹击配合练习

如图 5-31 所示,将 10 名队员分成 2 组,5 人进攻,另 5 人盯人防守。进攻队员④⑤⑥在外围传球,当⑥将球传给边角的⑦时,防守队员❻应与❼共同夹击⑦,同时❹应向⑥移动,防⑥空切,抢占其传球路线。❺向④内侧移动,防④空切。❽也要调整好自己的位置,防⑤空切或防⑧溜底线,伺机断⑦的传球。

此练习可以从两侧轮流发动配合练习。每练习 10 次后,两组交换攻守位置继续进行练习。

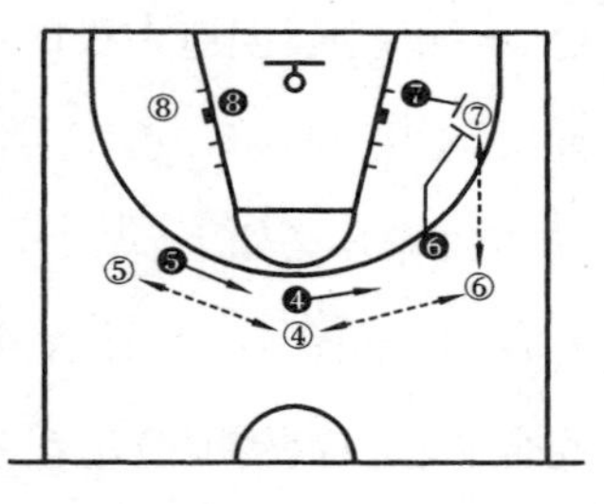
图 5-31

要求:计算每组在 10 次练习中进行夹击的成功率。防守组得球或造成对方 5 秒违例就算成功一次,进攻组只能在外围传球投篮。

如图 5-32 所示,将 10 名队员分成两组,5 人进攻,另 5 人进行盯人防守。进攻队员④或⑧将球传给边角的⑥时,❹应立即与同伴❻夹击持球队员⑥。同时,❺要稍向内向④移动,❼稍向内移动,防⑤或⑦空切,并伺机断⑥的传球。❽则要严密防守⑧,防⑧接⑥的传球。

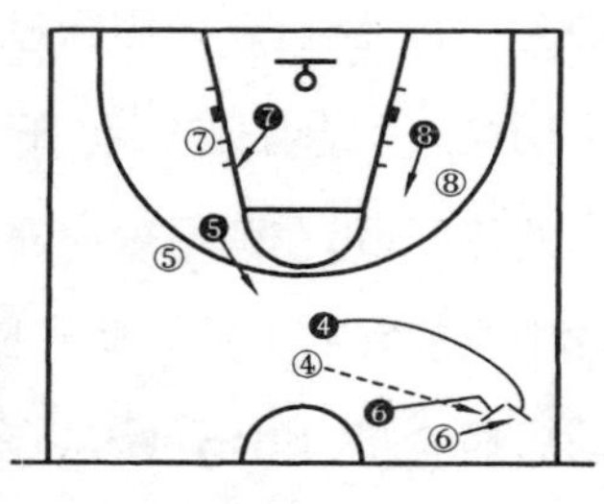
图 5-32

要求:队员④要从两侧轮流发动配合练习,⑤⑥要交替在两边角处接球。每练习 10 次后,两组交换攻守位置继续进行练习。计算每组夹击成功的次数。防守组断得球或造成对方 5 秒违例就算成功一次。

4. 防守双中锋的配合练习

如图 5-33 所示,将 10 名队员分成 2 组,5 人进攻,另 5 人进行盯人防守。进攻队员④⑤⑦在外围传球。当球传到进攻队员⑤或⑦手中时,进攻队员中锋⑧给同伴中锋⑥做掩护。防守队员❻和❽要及时互相交换防守,并要根据进攻队员持球的位置进行侧前防守,即当球在⑤手中时,❽要侧前防守⑧,❻此时要向⑧移动。反之,若球在⑦手中时,防守队员❻要侧前防守,而❽则要向⑥移动进行防守,伺机抢断⑤传给⑥或⑧的球。❺在防守⑤传球的同时,还须防⑤运球突破或投篮。

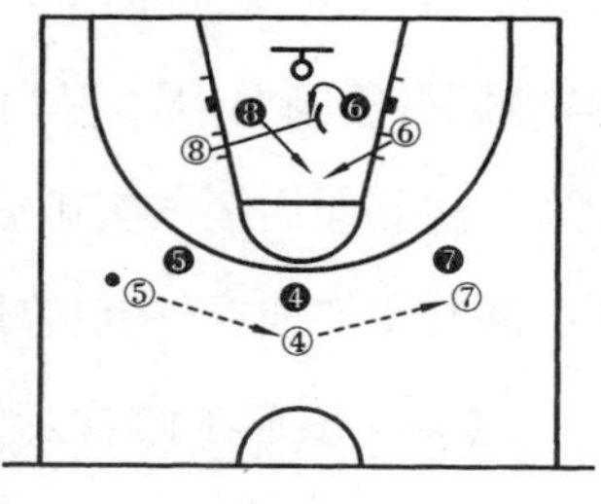
图 5-33

要求:每练习 10 次后,两组交换攻守位置继续进行练习。

5. 防“8”字形进攻配合练习

防守对方采用“8”字形进攻的配合,主要是防其运用“8”字形进攻的移动配合,压缩防区,创造中投的机会,或利用“8”字形进攻来进行前掩护,造成本队的中投或空切。

训练方法如下。

(1)如图 5-34 所示,在防 5 人大“8”字形进攻配合中,进攻队员④⑤⑥⑦⑧进行“8”字形进攻配合。防守队员❹❺❻❼❽要紧贴自己的进攻队员,力图阻止其向内压缩运球。若进攻队员进行运球掩护时,防守队员要采用穿过或挤过的配合,尽量不要采用换人配合来进行防守。例如,进攻队员⑤接到⑦的传球后,在弧顶处向左向内压缩运球,防守队员❺要紧贴⑤阻止其向内压缩运球中投或突破上篮。防守队员❼在看到进攻队员⑦与⑤的身体快接近时,自己主动后撤一步,让同伴❺从自己与⑦之间穿过去,然后再紧防对手⑦,防其空切或接⑤的传球投篮。

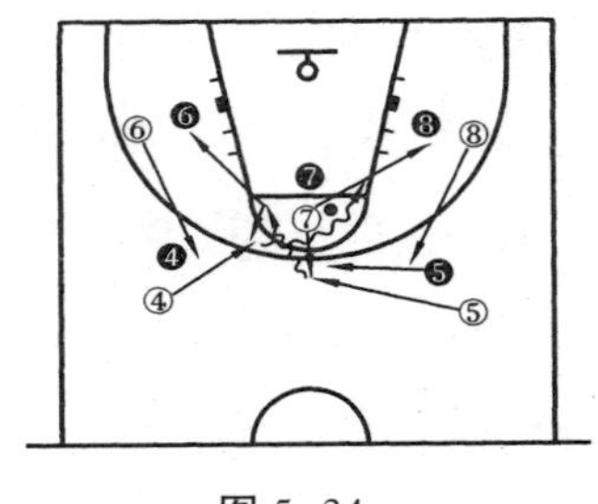

图 5-34

(2)如图 5-35 所示,在防 3 人小“8”字形进攻配合时,⑤和⑥⑧在外围进行小“8”字形进攻配合,⑥向内向右压缩运球,并将球传给⑧时,防守队员❻要紧贴对手⑥进行防守,注意抢断⑥给⑧的传球。防守队员❽则要力图用“挤过”防守的方法,紧跟对手⑧,防其向内运球突破或中投;也要严密防守对手⑤,防其空切或在外围接球投篮。

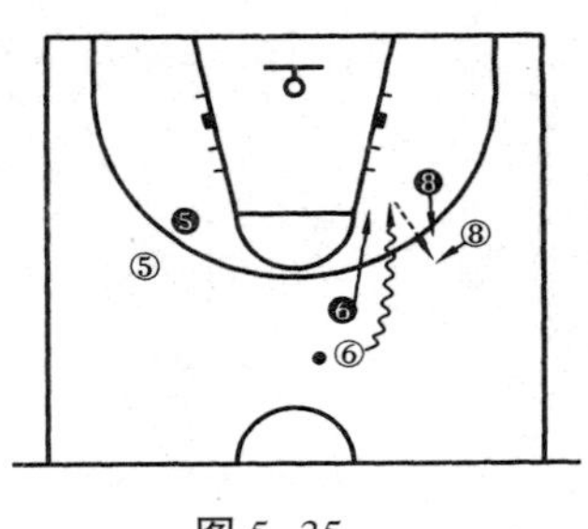

图 5-35

要求:每练习 10 次后,攻守两组交换攻守位置继续进行练习。

二、进攻半场人盯人

(一)进攻半场人盯人防守的阵形

进攻人盯人战术常见的基本阵形有“2—3”阵形,如图 5-36 所示,主要以单中锋策应配合为主及其变化的进攻方法。“2—2—1”阵形,如图 5-37 所示,主要以单中锋外策应为主及其变化的进攻方法。“1—3—1”阵形,如图 5-38 所示,主要以双中锋上下站位及其变化的进攻方法。“1—2—2”阵形主要以双中锋篮下进攻及其变化的进攻方法，如图 5-39 所示。“1—4”阵形，如图 5-40 所示，主要以双中锋上提进攻及其变化的进攻方法。“1—2—2”阵形主要以无固定中锋的马蹄形阵形，机动中锋进攻方法，如图 5-41 所示。根据场上防守情况可变换多种。

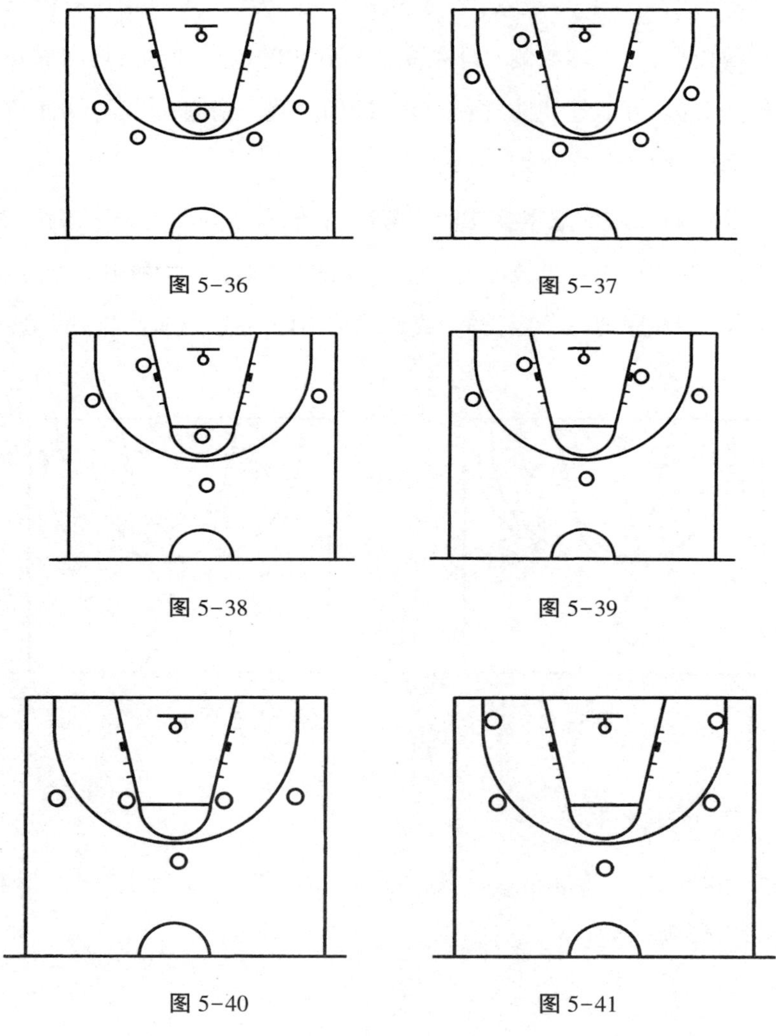

图 5-36　　图 5-37

图 5-38　　图 5-39

图 5-40　　图 5-41

(二)进攻半场人盯人防守的战术方法

1. 双重叠掩护("1—4"落位阵形)

这是二大二中一小的人员配备,以两对双重叠掩护为基础,在三分线附近组织三分球外线进攻,逐步向篮下移动双重叠掩护位置,组织内线进攻的战术方法。

如图 5-42 所示,①持球进攻,②与③在左侧三分区,⑤与④在右侧三分区,形成两对双重叠掩护,面对球或侧对球站立,③利用②做定位掩护,切向底角三分区,②切向左侧三分区,谁能摆脱防守接到球,谁即可投三分球。④与⑤冲抢篮板球,①与②准备退防,维持攻守平衡。

如图 5-43 所示,左侧双重叠在篮下落位,右侧双重叠在三分区落位,右侧打外线三分球配合,左侧打内线进攻配合。①持球进攻,将球传给利用⑤做定位掩护而摆脱防守的④,④在底角三分区投篮,或将球传给内线进攻的②或③投篮。

图 5-42

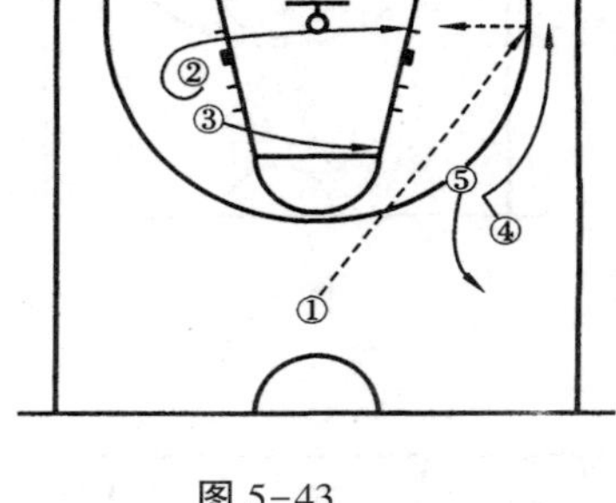

图 5-43

2. 传切、策应连续进攻

如图 5-44 所示,②传球给③后,切入篮下。如图 5-45 所示,如果②未能接到球,则③运球突破做一打一。

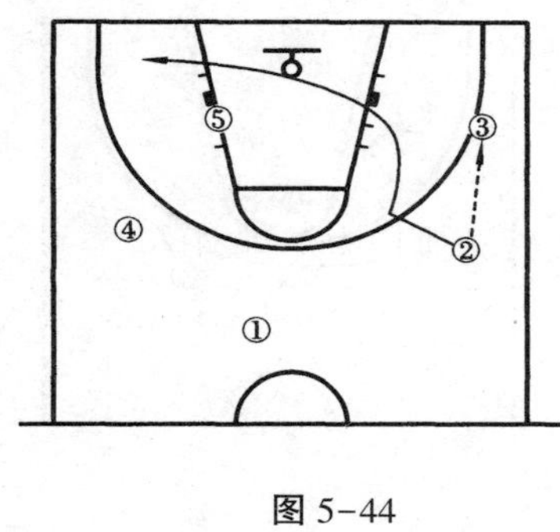

图 5-44

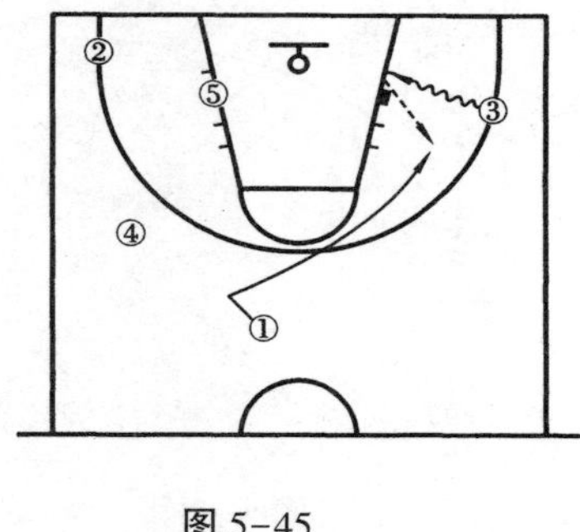

图 5-45

如果③未能突破对手,则运球后转身做策应。此时,由于②切入,③运球突破,防守必然会缩小。①切向③转身策应处,接③递给他的球,在外线投篮。如果不能投篮,④上移,⑤拉到左腰,①传球给④,④传球给⑤,如图 5-46 所示。图 5-47 中,5 名队员站位与图 5-46 类同,只是从右侧传切、策应的进攻队形变到左侧。

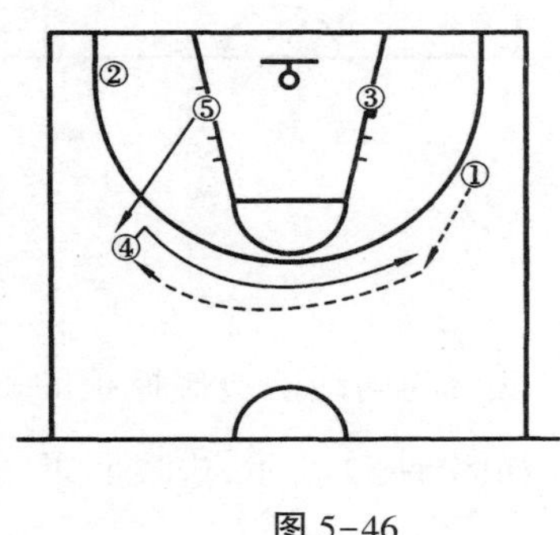

图 5-46

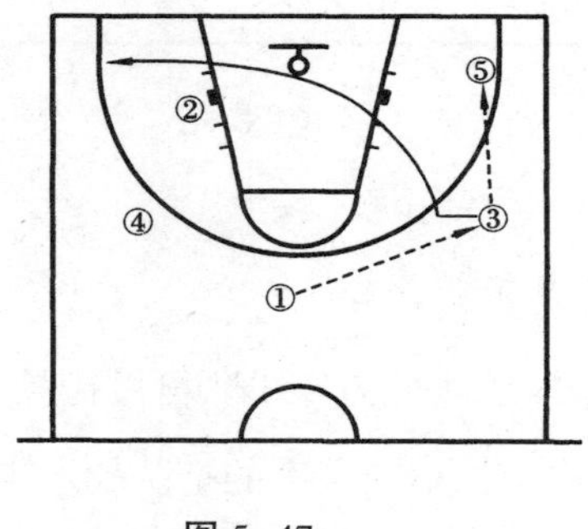

图 5-47

图 5-48 中,⑤传球给②后,切入篮下。图 5-49 中,如果⑤未能接到球,②运球突破做一打一。如果②未能突破对手,则运球后转身到策应处。由于⑤切入,②运球突破,防守必然会缩小,④可以切向②转身策应处,接②递给他的球,在外线投篮。如果④不能投篮,则①上移,③拉到右腰,④传球给①,①传球给③,如图 5-50 所示。

图 5-51 中,5 名队员站位是经过左右连续传切、策应进攻配合后的落位,又回到第一次发动配合时的落位,只是进攻队员的号码有了变动。

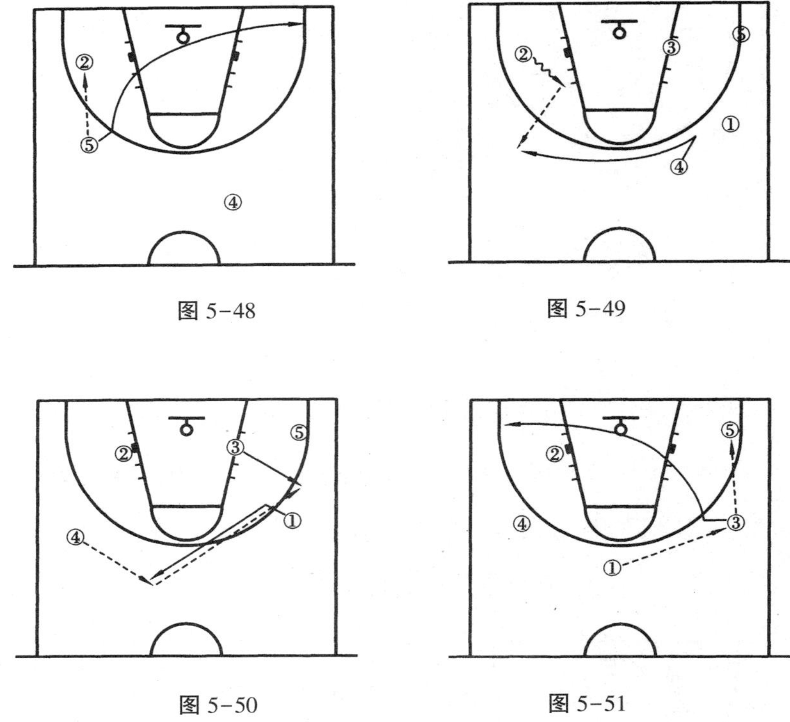

图 5-48　图 5-49

图 5-50　图 5-51

3. 内外掩护配合

这是内线队员为外线队员做掩护，或外线队员为内线队员做掩护的一种战术配合，现作为打第三高度的全队战术来叙述。如图 5-52 所示，进攻队以“3—2”阵形落位，内线两名进攻队员③和⑤与对方防守队员❸❺高度相仿，实力均衡，而第三高度相差悬殊。进攻开始，利用声东击西的传、接球先从右侧进攻，试图从③处打开缺口，突然转移到左侧。此时，内线队员⑤为外线队员④做掩护，④切入篮下进攻，如果❺跟防，与❹交换防守，则①可直接传高吊球给④投篮，或①传球给⑤，④在篮下打第三高度。由于❹与④相比，身高相差悬殊，在防守上处于被动局面，那么防守队员势必采用交换防守（见图 5-53）。当⑤为④做掩护时，❺交换防守④，则高大队员⑤掩护后切入罚球线附近接①的传球投篮。

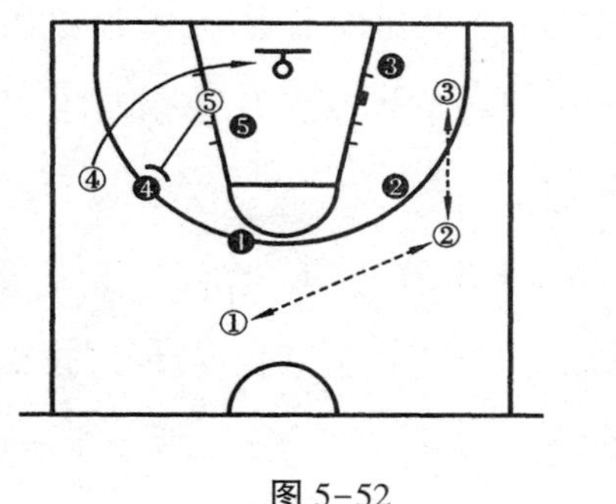

图 5-52

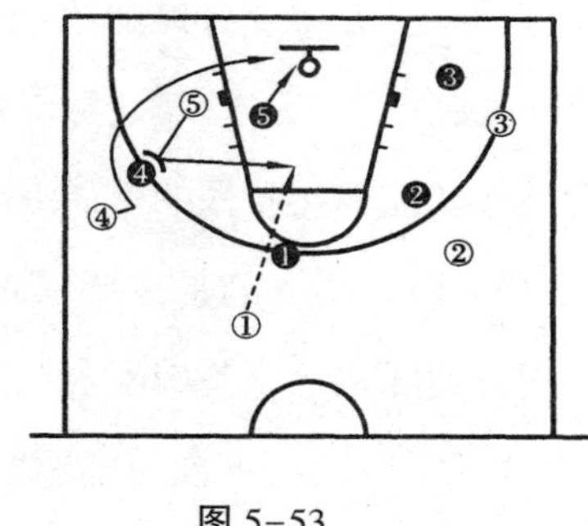

图 5-53

如图 5-54 所示,外线队员④跑到内线为⑤做掩护,⑤跑到罚球线附近接球投篮。如果❺挤过,继续防守⑤,则①可将球吊传给切入到篮下的④投篮。

以上集中内外掩护配合的全队战术,都是围绕着第三高度、高矮错配的现象而设计和组织的进攻人盯人防守战术。

4. 拉空一侧,通过中锋组织配合

如图 5-55 所示,②传球给①后,利用中锋做定位掩护切入篮下,①传球给③,③假做传球给切入的②,使强侧防守队员加强协防,密集一侧。然后③突然回传球给①,由于②跑到强侧,使弱侧位空,中锋⑤成一对一局面,①迅速运球到传球角度最佳位置,传球给中锋⑤投篮。

图 5-54

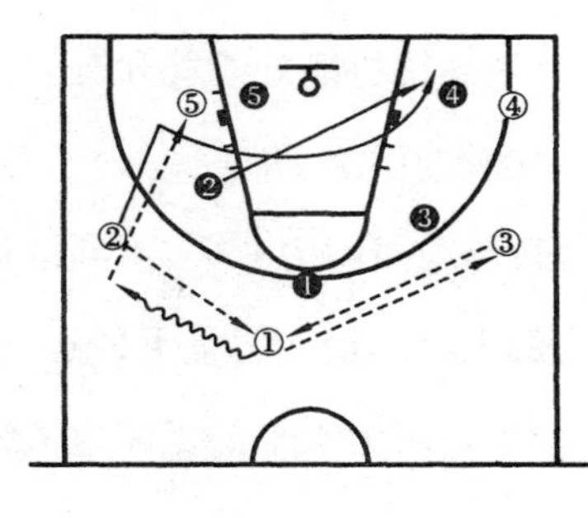

图 5-55

(三)进攻半场人盯人防守的基本特点和基本要求

进攻半场人盯人防守的基本特点是:频繁移动、综合进攻、机动性大、连续性强和实效性高。因此,必须全面提高队员的身体、技术和战术素养,增强单兵作战能力,尤其是在摆脱空切、运球突破、急停跳投和拼抢篮板球能力的基础上,形成具有高度灵活性、应变性和实效性的整体战术。

进攻半场人盯人防守的基本要求是:进入半场后,应迅速落位,组织相应的进攻阵形;要切合实际地运用基础配合及其变化来创造攻击机会;组织进攻配合中要正面与侧面、内线与外线、主攻与辅攻相结合,尽力扩大攻击面,增多攻击点;注意配合与配合之间的衔接,加强进攻的攻击性与连续性;在组织进攻中,要根据防守的实际情况,攻其薄弱环节,做到快慢结合、动静结合、人球皆动,加强进攻中的针对性和灵活性;组织拼抢篮板球,力争二次进攻机会;注意攻守平衡,保证攻守转换的速度。

第五节 身体练习

一、篮球专项力量训练

(一)力量耐力训练的主要方法

由于力量耐力主要是有氧供能,其发展不仅依靠肌肉力量的发展,而且要依靠血液循环、呼吸系统机能的改善和有氧代谢能力的提高,以满足长时间工作的肌肉所需氧气和能源的供给。

最大力量与力量耐力有关,不同运动员在完成同一负重时的重复次数,取决于其最大力量的大小。最大力量大的运动员练习中重复的次数多,表现出的力量耐力好。因此,力量耐力水平的提高也依赖于最大力量的发展。

1. 练习的强度

若是提高克服较大阻力的力量耐力,则可采用本人最大力量的 75%~80%的负荷进行重复练习;若是提高克服较小阻力的力量耐力,则其最小负荷强度不能小于本人最大负荷强度的 35%,否则练习效果不明显。

2. 练习的重复次数与组数

一般要达到极限的重复次数，即坚持做到不能再做为止，这样才能改善血液循环和呼吸系统的供氧能力及糖酵解供能机制，保证力量耐力的增长。练习的组数也应视具体情况而定，通常是在保证每组达到极限的重复次数前提下确定练习的组数。

3. 练习的持续时间

若是采用动力性练习，则由练习的次数和组数确定，以完成预定的次数、组数为其练习持续的时间；若是采用静力性练习，则单个动作的持续时间一般是10~30秒钟，这取决于负重的大小，负重大则持续时间短一些，负重小则持续时间长一些。

4. 组间的间歇时间

要在未完全恢复的情况下进行下一组练习，以达到疲劳积累、提高力量耐力的目的。如果进行几组练习后，运动员已相当疲劳了，可适当延长组间休息时间。

（二）综合性力量训练法

综合性力量训练法是指不单纯对某一种训练因素起作用，而是具有多种训练目的的训练方法。它常常采用两种以上训练方式混合安排。篮球运动员综合性力量训练，主要采用耐久性的肌肉增粗法，然后再进行绝对力量训练，最后再发展相对力量，改善肌肉用力的协调性和肌肉持续用力的能力。这种方法能逐步使肌肉发挥最大力量，充分动员肌肉运动单位参加工作，达到最佳状态，并防止准备活动不充分而导致运动伤害事故的发生。

1. 塔式训练法

塔式训练法是进行次极限和极限的肌肉收缩，逐渐提高负荷重量，最后采用的练习重量仅仅只能完成一次，然后再减少负荷重量，增加重复练习次数的训练方法。

如最大负荷的全蹲为100千克，则可选60千克做20次1组，70千克12次1组，80千克10次1组，90千克3次1组，100千克1次1组，然后选择80千克，直到做不起来最后一个为止，做1组或2组。

2. 混合训练法

混合训练法是采用两种以上力量能力的训练方法，如先做肌肉增粗法 3～4 组，再做快速力量法 4～8 组。

3. 循环训练法

循环训练法是设立若干个力量练习点，综合安排不同训练内容，多维地影响不同肌群的力量能力。

二、篮球专项速度的训练

（一）运动频率的训练方法

在保证一定动作幅度的情况下，通过改进技术，提高素质，在一定时间内尽量多地完成各种动作次数（同动作速度训练一样），如直线运球往返上篮（28 米）10 秒以内完成等。

（二）运动幅度的训练方法

运动幅度的训练方法主要采用改进技术动作，提高肌肉的伸展性、关节的灵活性以及肌肉的力量素质，最大限度地利用篮球运动员的身体条件。如中线快速三步跨跳上篮，三步跨跳要求有一定的距离，或者最后一步要有一定的高度。

（三）综合速度的训练方法

综合速度是篮球比赛所需要的整体速度，包括进攻速度、防守速度、攻守转换速度、战术配合速度、各种战术意识的反应速度，以及运动员的技术动作速度等。

综合速度的训练方法主要有以下几种。

（1）全面提高运动员的快速技术，使运动员基本功扎实、动作娴熟、运用自如，如通过快攻以多打少和 3 人直线快攻提高运动员的快速技术。做到人到球到，避免因技术动作的单一而错过战机。

（2）加强配合速度的训练，如移动进攻速度、交叉配合速度、反跑配合速度和全场人盯人时夹击补位速度等训练，建立队员之间的默契。

(3)培养战术反应速度。培养运动员对比赛规律性的认识,熟悉各种配合方法,使运动员战术反应速度提高。如在训练中不断变换防守阵形,使运动员能按照配合路线较快地进入角色;通过快攻二打二或三打三培养运动员攻守转换速度,迅速进行两三人间的配合,并使这种配合顺利地与阵地战术衔接。

三、篮球专项耐力素质的训练

重复负荷训练方法的基础是无氧代谢。负荷最大心率达 28 次/10 秒以上,组间休息 5 分钟左右,心率下降至 15 次/10 秒左右,再进行下一次的负荷刺激。如 400 米做 5~10 组,计时。采用不同的强度安排各种重复性的练习。在篮球训练中常有 3 人直线快攻,可安排 1~5 个往返,然后再安排 1~5 个往返,即每组逐步增加往返次数,然后由最大到最小,强度随重复往返的次数而增减。

四、篮球专项灵敏素质的训练

通过训练,全面提高运动员的各项身体素质,特别是对形成灵敏素质有重要影响的相关素质,如快速的反应启动速度、手脚的协调配合和良好的爆发性弹跳速度等。

通过换项训练培养运动员在不同环境下的主动性和创造性,提高灵活机动的能力。如采用足球训练提高脚步的灵活性,采用排球训练提高各种爆发弹跳速度等。

五、篮球专项柔韧素质的训练

混合性练习法受外力作用的影响,同时也受自主肌肉收缩的影响,两者共同作用加大作用效果。如直角悬垂压腿,既通过腹肌的收缩加力,又利用上体的重力下压,使腹后肌群拉长;负重仰卧起坐的前压腿练习,对腹后肌群、脊柱后群肌肉和韧带都有良好的牵拉作用。

参考文献

[1] 全国体育院校教材委员会审定. 篮球运动教程[M]. 北京:人民体育出版社,2001.

[2] 孙民治. 篮球纵横[M]. 北京:人民体育出版社,1996.

[3] 王贺立. 篮球实用教程[M]. 武汉:湖北人民出版社,2006.

[4] 郭玉佩. 篮球竞赛裁判手册[M]. 北京:人民体育出版社,1999.

[5] 郭洪宝. 篮球裁判员手册[M]. 北京:人民体育出版社,1998.

[6] 陈智勇. 篮球[M]. 武汉:中国地质大学出版社,1994.

[7] 冯岩. 篮球裁判入门[M]. 武汉:中国地质大学出版社,2004.

[8] 中国篮球协会审定. 篮球规则(2010 年)[M]. 北京:光明日报出版社,2010.

[9] 中国篮球协会审定. 篮球裁判员手册(2 人执裁与 3 人执裁)[M]. 北京:光明日报出版社,2010.

[10] 张良祥. 篮球游戏大全[M]. 北京:北京体育大学出版社,2004.

[11] 孙民治. 篮球运动高级教程[M]. 北京:人民体育出版社,2000.

[12] 胡亦海. 竞技运动训练理论与方法[M]. 武汉:湖北人民出版社,2005.

[13] 孙民治. 中国体育教师岗位培训[M]. 北京:人民体育出版社,2001.

[14] 郑金囤. 篮球技战术训练:走向球星[M]. 北京:中国物资出版社,1997.